中国高等教育学会宣传工作研究分会 组编

新时代高校宣传工作大家谈

蓝晓霞 主编

中国教育出版传媒集团
高等教育出版社·北京

内容简介

本书聚焦党的十八大以来高校宣传思想文化战线从一线生动实践中提炼出的理论思考，回应了高校宣传思想文化领域的重点问题，汇聚了高校宣传思想文化战线专家学理论、讲理论、用理论的成果。其中许多创新成果具有可复制、可推广性，对全国高校进一步做好宣传工作具有借鉴和启发意义。

图书在版编目（CIP）数据

新时代高校宣传工作大家谈／蓝晓霞主编；中国高等教育学会宣传工作研究分会组编．－－北京：高等教育出版社，2024.12． －－ISBN 978-7-04-064217-9

Ⅰ．G641

中国国家版本馆 CIP 数据核字第 2024JP3491 号

XIN SHIDAI GAOXIAO XUANCHUAN GONGZUO DAJIA TAN

策划编辑	王　瑜	责任编辑	王晓蕾	封面设计	张　志
版式设计	杨　树	责任校对	刁丽丽	责任印制	刁　毅

出版发行	高等教育出版社	网　　址	http://www.hep.edu.cn
社　　址	北京市西城区德外大街4号		http://www.hep.com.cn
邮政编码	100120	网上订购	http://www.hepmall.com.cn
印　　刷	河北鑫彩博图印刷有限公司		http://www.hepmall.com
开　　本	850mm×1168mm　1/32		http://www.hepmall.cn
印　　张	6.125		
字　　数	140 千字	版　　次	2024 年 12 月第 1 版
购书热线	010-58581118	印　　次	2024 年 12 月第 1 次印刷
咨询电话	400-810-0598	定　　价	20.90 元

本书如有缺页、倒页、脱页等质量问题，请到所购图书销售部门联系调换
版权所有　侵权必究
物料号　64217-00

主编简介

蓝晓霞,教育学博士、教授、博士研究生导师。现任北京交通大学党委常委、宣传部部长兼统战部部长。入选教育部第一批全国高校思想政治工作中青年骨干队伍、北京市宣传文化系统"四个一批"人才(理论界别)等人才项目。兼任中国高等教育学会理事、宣传工作研究分会创会副理事长、秘书长,中国教育发展战略学会艺术教育专业委员会副理事长、教育新闻传播专业委员会常务理事,北京市习近平新时代中国特色社会主义思想研究中心副主任、研究员。

主要从事党建和宣传思想文化理论研究与教学工作,发表理论文章和学术论文70余篇,出版专著1部,参编论著10余部。主持或参与国家级、省部级研究课题10余项。获北京高校党建和思想政治工作优秀成果一等奖、北京高校党课"精品一课"、北京高校优秀共产党员等省部级以上表彰奖励10余项。

坚定文化自信　坚持守正创新不断开创新时代高校宣传工作新局面

(代序)

王稼琼

(北京交通大学党委书记,中国高等教育学会宣传工作研究分会理事长)

习近平总书记在全国教育大会上强调,我们要建成的教育强国,是中国特色社会主义教育强国,应当具有强大的思政引领力、人才竞争力、科技支撑力、民生保障力、社会协同力、国际影响力,为以中国式现代化全面推进强国建设、民族复兴伟业提供有力支撑。① 坚持不懈用习近平新时代中国特色社会主义思想铸魂育人,深入落实立德树人根本任务,不断增强思政引领力,是时代赋予广大教育工作者的光荣使命。党的二十大报告指出,要用党的创新理论武装全党、教育人民、指导实践,巩固壮大奋进新时代的主流思想舆论,为新时代高校宣传思想文化工作指明了前进方向。在踏上新征程、向第二个百年奋斗目标进军的关键时刻,高校宣传战线要以习近平文化思想为指引,认真学习贯彻全国教育大会精神,切实增强做好新时代新征程宣传工作的责任感使命感,强化政治担当,坚持守正创新,增强工作本领,在开创教育强国建设新局面的奋进实践中展现宣传工作新气象新作为。

---

① 《习近平在全国教育大会上强调:紧紧围绕立德树人根本任务　朝着建成教育强国战略目标扎实迈进》,中国政府网,2024年9月10日。

一、以"守正"举旗定向,"三条主线"把握工作重心

"守正"之意,重在"举旗帜、定航向"。高校宣传工作内蕴教育和宣传双重属性,兼具育人功能和意识形态功能。因此,教育宣传战线的"守正",要始终坚持党对高校的全面领导,把旗帜鲜明讲政治作为第一位的要求;要始终坚持马克思主义在高校意识形态领域的指导地位,引导广大师生深入学习贯彻习近平新时代中国特色社会主义思想,充分彰显社会主义意识形态的强大凝聚力和引领力;要始终坚持社会主义办学方向,落实好立德树人根本任务,真正解决好"为谁培养人"的问题,为办好中国特色社会主义大学、全面建设社会主义现代化国家、实现中华民族伟大复兴汇聚起磅礴力量。

近年来,高校以"守正"举旗定向,凝练出高校宣传战线要重点把握的"三条主线":

一是守理念信念之正,坚持以习近平新时代中国特色社会主义思想铸魂育人,抓好思想引领"主引擎"。2024年是全面贯彻党的二十大精神的关键之年,当前,学习贯彻党的二十大精神持续深化,学习贯彻习近平新时代中国特色社会主义思想不断走深走实,高校宣传战线担负着十分重要的职责与任务。要着眼彰显党的创新理论的思维维度、历史高度、思想深度,紧密结合实际,不断完善理论舆论、内宣外宣、网上网下相贯通的理论武装体系,开展研究式、讨论式和体验式学习,引导师生增强贯彻落实的自觉性和坚定性。理论传播重在生动鲜活。高校宣传战线要发挥优势,创设条件,打造直面热点、深入浅出的理论专栏和新媒体平台,努力做到"境愈高时言愈浅",用贴近生活、推心置腹的平实表达和日常语言,为师生解疑释惑,引发共鸣,让思想引领既深刻又解渴,既生动又入心,推动党的创新理论"入网乘云"飞入寻常百姓家。

二是守党的全面领导之正,坚决把牢责任底线,守好意识形态"主阵地"。习近平总书记多次强调,意识形态工作是为国家立心、为民族立魂的工作,意识形态工作的领导权任何时候都不能旁落。高校历来是意识形态工作的前沿阵地,特别是在前所未有的世界之变、时代之变、历史之变的深远影响下,意识形态领域风险的突发性、衍生性、联动性特征更为明显,不确定性与复杂性与日俱增。高校宣传战线必须牢牢把握党性原则,必须在责任制落实上坚持最高标准、执行最严要求,必须强化责任担当,严守阵地安全。要顺应时代形势,把更多力量聚焦在网络意识形态上,不为噪音所扰、不为歪风所惑、不为暗流所动,筑牢网络意识形态安全防线。打铁还需自身硬。高校要积极组织各级各类培训,持续深化对宣传工作政治功能和意识形态属性的认识,不断提高工作队伍的斗争精神和斗争能力。

三是守培育时代新人之正,坚定完善高校思想政治工作体系,建好全面育人"新格局"。习近平总书记强调:"人才培养体系涉及学科体系、教学体系、教材体系、管理体系等,而贯通其中的是思想政治工作体系。"①高校要始终把思政工作摆在重要位置,充分发挥思想政治工作"生命线"作用,落实立德树人根本任务,实施好"时代新人铸魂工程"和"大思政课"建设工程,在育人队伍、育人时间、育人空间上协同发力,高质量建设高校思政工作体系,不断拓展实践育人和网络育人的空间和阵地。要聚焦理论武装、舆论引导、思想教育、文化建设、文明培育等重点工作,坚持多措并举、多维联动,持续推进以文化人、以文育人,引导师生进一步坚定文化自信,着力培养传承红色基因、赓续中华文脉的时代新人,加强校训校史、大学精神、校风校貌、文化景观等校园文化建设,夯实

---

① 习近平:《在北京大学师生座谈会上的讲话》,人民出版社2018年版,第10页。

铸魂育人的"四梁八柱",加快构建起新时代高校思政工作的新生态与大格局。

二、以"创新"因应时势,"三个维度"重塑工作模式

党的二十大报告指出,必须坚持创新是第一动力,开辟发展新领域新赛道,不断塑造发展新动能新优势。宣传工作点多、线长、面宽,而教育宣传工作又具有自身的特殊性,其受众主体为教师和学生等知识分子群体,同时又受到全社会的普遍关注。特别是面对身处信息过载、鱼龙混杂的网络环境的朝气蓬勃、思维活跃的青年师生群体,宣传工作必须主动顺应时代变化和发展趋势,进一步加大创新力度,做到"因事而化、因时而进、因势而新"。具体而言,高校宣传战线应从工作理念、工作手段、工作体制机制"三个维度"谋求突破与创新,做好远近结合、内外并重,在"苦练内功"的同时提升社会影响力,营造铸魂育人新生态,不断增强高校宣传工作的理论优势和育人动能。

一是要创工作理念之新,准确把握高校宣传思想工作的内在规律。习近平总书记指出,"领导干部要做实干家,也要做宣传家"①。高校宣传思想工作具有鲜明的政治性、理论性和时效性,这就要求宣传思想工作理念必须与时俱进,不断创新。高校宣传战线要强化战略思维,把意识形态斗争和思想文化碰撞作为一种新常态来深刻把握。要强化底线思维,充分估计可能遇到的困难和问题,把问题想得复杂一些,把形势想得严峻一些,拿出综合、具体、可操作、有效的实施方案。要增强系统思维,统筹协调舆论引导、抵御渗透、队伍建设等各环节,统筹协调校内校外、课内课外、网上网下等各方面,增强理念创新意识,做好工作研究和规律把

---

① 《中国共产党宣传工作简史》下卷,人民出版社2022年版,第650页。

握,切实提高工作本领。

二是要创方式手段之新,加快推进媒体深度融合。当前,新媒体、短视频、融媒体、生成式人工智能等新生事物层出不穷,"万物互联""万物皆媒"的时代正加速到来。高校宣传战线要顺应趋势,主动做好"Z世代"的网络空间新表达,在工作方式手段上探索开拓,"拍"富有感染力的图片和短视频,"唱"温暖有爱的歌曲,"绘"直击心灵的画作和动漫,"讲"情感共鸣的师生故事,运用好互联网丰富多彩的产品形态,为宣传思想工作赋能。媒体融合既是一场由技术革命带来的媒体转型,更是一场在国家层面推动的深刻变革。高校宣传战线要深化媒体融合改革,主动关注多元业态和精准服务,探索"融媒+育人、融媒+文化、融媒+服务"的互动模式,加强重大主题宣传和议题设置,开展定制化生产、共情化表达、分众化引领、社群化传播,形成立体化网络平台矩阵,不断增强新闻舆论的传播力和引导力。

三是要创体制机制之新,汇聚起高校宣传思想工作的强大合力。宣传思想工作是政治性强、涉及面广、影响力大的系统工程,需要统筹谋划、强化协作。习近平总书记强调,"做好宣传思想工作必须全党动手""动员各条战线各个部门一起来做"。[1] 高校要树立起大宣传理念,强化党委统一领导,党政齐心协力推动落实,加强线上线下联动,凝聚起强大的宣传合力。要积极筹划,创造契机,加快打造"专兼结合、多方参与、充满活力"的工作队伍,找准切入点和着力点,成为让人信服的行家里手。要积极探索基层宣传思想工作机制创新,努力种好责任田、育好通讯员、用好各平台,推动各级党组织节节发力、节节作为、节节精彩。要发挥好高校宣传战线"内聚人心、外塑形象"的作用,进一步增进思想共识,提振

---

[1] 《中国共产党宣传工作简史》下卷,人民出版社2022年版,第581页。

信心士气,激发奋进力量,引导广大师生在"大有可为"的新时代"大有作为"。

守正与创新并举,是实现高校宣传工作高质量发展的必由之路。面对中华民族伟大复兴战略全局和世界百年未有之大变局,新征程上,高校宣传工作要以习近平总书记在全国教育大会上的重要讲话精神为指引,锚定2035年建成教育强国的奋斗目标,既要始终保持强大的战略定力,坚定立场,增强信心,又要时刻把握历史主动,积极作为,勇于开拓创新,久久为功,为中国特色社会主义教育强国建设提供强大的思想保证、舆论支持和文化支撑。

目 录

意识形态篇

用好校史资源　增强高校意识形态工作实效 ……… 郑水泉　3
牢牢把握新形势下高校意识形态工作着力点 ……… 包丽颖　9
用党的二十大精神引领新时代高校意识形态工作 … 李向阳　17
新时代高校宣传工作的经验与策略 ……………… 覃川　25
如何把握高校意识形态建设的政策要求 ………… 严蔚刚　32

理论武装篇

以融合思维推动高校宣传工作提质增效 ………… 吴松全　41
推动高校宣传工作高质量发展的思考 …………… 杨晓　47
做好新时代高校宣传工作之我见 ………………… 倪松涛　55
新征程高校学生理论宣讲团建设刍议 …………… 成进　62

新闻舆论篇

坚持"七个着力"　构建高校宣传工作大格局 …… 徐进功　71
高校跨文化传播的理念与路径 …………………… 胡昊　78
以一流新闻宣传引领服务一流大学建设 ………… 赵竹村　86
全媒体时代高校融媒体建设的思考与策略 ……… 唐金楠　91

思想教育篇

以"四位一体"的思想政治工作落实立德树人
  根本任务 ………………………………………… 闫祖书 101
积极探索边疆民族地区"三全育人"综合改革
  之路 ……………………………………………… 李建宇 108
以铸牢中华民族共同体意识为引领建设安定
  团结模范之地 …………………………………… 李为民 116
发挥大学文化建设在立德树人中的独特作用 …… 安俊堂 122
红色文化育人特色思政课程建设 ………………… 卿涛 128

文化文明篇

以文化人显特色　启智润心求实效 …………… 蒋朗朗 137
以文化自信凝聚大学更好担负"四个服务"
  使命的精神力量 ………………………………… 桑晓旻 143
抓好"三整一创"　建设面向未来的文化大学园 … 陈鹭 149
新时代高校文化建设的价值内涵与实践探索 …… 夏江雯 154
行业特色高校文化建设的路径探究 ……………… 王晖 160
用好文化规划　为发展凝心聚力 ………………… 吕静 166

后记：新时代高校宣传工作者的使命担当 ………… 蓝晓霞 173

意识形态篇

用好校史资源 增强高校意识形态工作实效

郑水泉

(中国人民大学党委副书记)

意识形态工作是党的一项极其重要的工作。作为思想文化的"集散地"和青年师生的"聚集区",高校一直处于意识形态斗争的前沿阵地。2022年4月25日,习近平总书记在中国人民大学考察调研时特别指出,要加强校史资料的挖掘、整理和研究,讲好中国共产党的故事,讲好党创办人民大学的故事,激励广大师生继承优良传统,赓续红色血脉。这一重要论述,不仅是对中国人民大学的政治嘱托,而且给出了高校做好意识形态工作、坚守宣传思想文化阵地的方向引领和方法举措。蕴藏着红色基因的校史,为培养时代新人提供了宝贵资源和生动教材。高校应当深入挖掘其中培根铸魂的"营养剂",抓好转化运用,在以史育人、以文化人中激发校园正能量,不断增强意识形态工作的实效。

一、深刻认识高校校史资源的重大价值

校史是对一所学校发展轨迹、奋斗历程的真实记录,是大学办学特色和大学精神的重要载体,具有"存史、资政、育人"的重要作用。

一是奠定精神品格。红色基因是中国特色社会主义大学的独有特质,为广大高校绘就鲜亮的精神底色。中国人民大学的前身是1937年在延安成立的陕北公学以及后来的华北联合大学、北方

大学、华北大学。学校在抗日烽火中诞生,在党的关怀下发展壮大,具有光荣的革命传统和鲜明的红色基因,奠定了"党办的大学让党放心、人民的大学不负人民"的精神品格。红色基因是中国人民大学精神的根和魂,其内核就是坚持教育为党和人民事业服务的方向,坚守为党育人、为国育才的使命,坚定听党话、跟党走的信念。不论过去、现在,还是将来,红色基因始终是办好中国特色社会主义大学的宝贵精神财富,永远不会过时。

二是承载使命职责。培养什么人、怎样培养人、为谁培养人是教育的根本问题,为党育人、为国育才是我国高校始终坚守的初心使命。中国人民大学从陕北公学成立之初就鲜明地提出要培养"革命的先锋队",到新中国成立之初提出培养"万千建国干部",到改革开放新时期提出培养"国民表率、社会栋梁",再到新时代提出培养"复兴栋梁、强国先锋",始终不变的是"为党育人、为国育才"。培养一代又一代德智体美劳全面发展的社会主义建设者和接班人,培养一代又一代在社会主义现代化建设中可堪大用、能担重任的栋梁之材,确保党的事业和社会主义现代化强国建设后继有人是新时代高校必须承担的使命职责。充分运用校史资源,传承红色基因就是坚持为党育人、为国育才,把立德树人融入思想道德教育、文化知识教育、社会实践教育各环节,确保红色江山世世代代传下去。

三是展现文化形象。一所大学的文化不是在短期内形成的,而是在长期的办学历程中由一代代师生共同创造和逐步凝练的,反映了一所大学独特的办学理念、学术传统、办学特色、校风校貌,铸就了一所大学区别于其他大学的文化形象和精神气质,对一代代师生具有巨大的精神影响力和感召力。从陕北公学到华北联合大学和北方大学、华北大学,中国人民大学独特的发展历程,不仅同中国共产党发展的历史紧密相连,更是中国共产党创办新型高等教育历史进程的缩影。"党办的大学""红色的大学""革命的大学",成为中国人民大学的独特符号和形象标志。

二、把握高校校史资源的内在路径

高校校史资源既是历史的,也是现实的,体现在学校的办学历程、传统特色、师生情感中。

一是在学校办学历程中溯源。只有深刻理解自身的基因血脉从哪里来,才能清醒地认识到哪里去。每一所扎根中国大地的高校,都与党在革命、建设、改革不同时期的奋斗紧密相联,成为红色基因的生长点。中国人民大学从抗日战争烽火中一路走来,始终与党和国家同呼吸、共命运。从新民主主义革命时期,到社会主义革命和建设时期,再到改革开放和社会主义现代化建设新时期,继而进入中国特色社会主义新时代,传承红色基因、赓续红色血脉始终是中国人民大学办学治校的优良传统和独特优势,为扎根中国大地办大学注入了强大精神力量。在理论创新与实践创新相互激荡、相互促进中,学校也在不断赋予红色基因以新的时代内涵。

二是在办学治校特色中开掘。每所高校都有着不同的办学治校特色,这种特色生成于学校发展与党和国家事业的交相促进中,烙刻着红色基因传承的深刻印记。从办学之初,中国人民大学的办学使命、治学理念、培养目标、教学原则等,就有鲜明的红色印记。学校从陕北公学时期开始就实行党团领导下的校长负责制,扎根红色沃土,始终紧紧围绕党的事业发展需要培养人才,把广大青年凝聚在党的旗帜下,锻造马克思主义信仰者、践行者、传播者,培养出一批批勇立潮头、勇担使命的先锋队,矗立起一座座精神丰碑,彰显着中国共产党人的初心使命,闪耀着理想信念的炽热光芒。

三是在师生情感认同中升华。每一名师生心中都会有对学校精神风貌的基本判断,其思想认识是学校红色基因的"具象化"。这些师生,成为传承高校红色基因的最重要载体。毛泽东同志为陕北公学成立题词指出,"要造就一大批人,这些人是革命的先锋队。这些人具有政治远见。这些人充满着斗争精神和牺牲精神。这些人是胸怀坦白的,忠诚的,积极的,与正直的。这些人不谋私利,唯一的为着民族与社会的解放。这些人不怕困难,在困难面前总是坚定的,勇敢向前的。这些人不是狂妄分子,也不是风头主义者,而是脚踏实地富于实际精神的人们。中国要有一大群这样的先锋分子,中国革命的任务就能够顺利的解决"。这一题词已经深深镌刻在每一名人大人的心中。一代代人大人始终把成为先锋分子作为理想追求,作为一生的奋斗目标。

三、用好校史资源,传承红色基因

中国人民大学独特的校史资源、鲜明的红色基因是学校做好意识形态工作和推进立德树人、办学治校、管党治党的精神财富,近年来,学校高度重视校史资源的发掘利用,取得显著成效。

一是在强化思想认识上下功夫。习近平总书记强调,"红色资源是我们党艰辛而辉煌奋斗历程的见证,是最宝贵的精神财富,一定要用心用情用力保护好、管理好、运用好"[1]。学校组织党员干部和师生深入学习习近平总书记重要讲话精神,认真学习党史、新中国史、改革开放史、社会主义发展史、中华民族发展史和校史,建立常态化学习机制并将其纳入意识形态工作责任制。通过深入学习,强化对党创办新型高等教育光辉历程的认识,强化对坚守为党育人、为国育才初心使命的认识,强化对坚定赓续红色血脉责任担当的认识,增强传承红色基因的主动性、自觉性,拓展红色文化的

---

[1] 《习近平关于社会主义精神文明建设论述摘编》,中央文献出版社2022年版,第167页。

广度,延伸红色文化的深度。学校用红色校史滋养、激励师生,把红色资源和特色优势转化为立德树人、培养堪当民族复兴重任的时代新人的强大动能。

二是在完善工作体系上做文章。中国人民大学高度重视校史资源的发掘利用,实施"'走出一条建设中国特色、世界一流大学的新路'十大工程",明确了"传承红色基因、赓续红色血脉,坚定不移走好建设中国特色、世界一流大学新路,推动高等教育内涵式高质量发展"的战略部署。持续开展好其中的"高等教育红色基因传承和精神品格弘扬工程",健全完善校史挖掘整理、保护利用、研究阐释的制度机制,建好建强专兼职结合的校史编研队伍;不断丰富学校红色馆藏档案资源,深入推进校史数据库建设,探索开展学院史、学科史研究展示工作,举办《中国共产党创办新型高等教育的典范》《一辈子做好事——吴玉章生平展》《生就是奋斗——胡华百年诞辰生平与书信展》等专题展览;稳步提升古籍典藏、红色文献的保护修复和综合利用水平,建设数字与实体相结合的红色文献等珍贵文献资源体系和保护系统;深入阐释红色校史中蕴含的哲学思想、人文精神、价值理念和道德规范,推进校史进课堂、进教材、进学生头脑,充分发挥红色基因的铸魂育人作用,开辟高校意识形态工作新领域新境界,让珍贵文物"发声",让历史资料"说话",让学校丰富的红色资源成为全校师生身边最真实、最有说服力的教科书,达到睹物增信、聚力前行的效果。

三是在加大投入力度上出实招。人力、财力、物力的投入是做好校史资源发掘利用工作的前提和基础。要解决传承红色基因抓手不实、渠道不畅的问题,必须进一步加大投入。在办学旧址建设方面,学校持续建好陕北公学旧址、河北阜平"华北联合大学文化聚落"、北方大学旧址、华北大学旧址、"铁一号"旧址等校史纪念馆方阵和校史教育基地。在整合资源方面,继续会同四川自贡、湖南娄底建设好吴玉章、成仿吾陈列展览和校史教育基地。在研究成果出版发行方面,启动《中国人民大学校史文库》丛书编纂出版,再版了成仿吾撰写的《战火中的大学——从陕北公学到人民大学的回顾》,组织力量精心编纂《吴玉章全集》(6卷本),创作《吴玉章》《陕北公学》话剧,总结凝练人大精神谱系,系统总结中国共产党创办新型高等教育的艰辛历程和历史经验。

四是在繁荣校园文化上见成效。校园文化承担着以美育人、以文化人、增强文化自信的重要功能,必须始终践行社会主义核心价值观,发展社会主义先进文化,弘扬革命文化,传承中华优秀传统文化,让新时代校园文化成为激励师生勇走新路的底蕴支撑。在内容上,要将学校红色基因、精神品格、优良校风教风学风等有机融入各项校园文化建设;在载体形式上,要加强优质文化产品供给,办好红色校史"云观展"等活动,在校园中灵活设置主题雕塑、校园文化墙等景观,推出优秀的摄影、视频、歌舞、话剧等文艺作品,巩固壮大奋进新时代的主流思想舆论;在多校区联动上,将学校红色基因整体性融入通州新校区建设,充分发挥各校区的环境和区位优势,进一步激发师生文化创新创造活力,厚植师生对传承红色基因、赓续红色血脉的认同感,不断提升学校文化软实力和影响力,在"润物无声"中推动意识形态工作落地落细。

牢牢把握新形势下高校意识形态工作着力点

包丽颖

（北京理工大学党委副书记）

习近平总书记在党的二十大报告中强调，"意识形态工作是为国家立心、为民族立魂的工作"[①]。我国高校肩负着学习研究宣传马克思主义、培养中国特色社会主义事业建设者和接班人的重大任务，是意识形态的前沿阵地。这就要求我们紧紧围绕落实立德树人根本任务，牢牢掌握意识形态工作领导权、管理权、话语权，把高校建设成为坚持党的领导的坚强阵地，建设成为培养社会主义建设者和接班人的坚强阵地。

一、当前高校意识形态工作面临新的时代特点和对象特征

（一）"两个大局"背景下高校意识形态工作面临的形势空前严峻

从国际看，境外敌对势力在我国高校进行渗透，我们赢得争夺青年、争夺下一代斗争的任务更重。世界百年未有之大变局加速演进，全球进入新的动荡期，传统安全和非传统安全问题日益突出。特别是新型冠状病毒感染暴发以来，围绕疫情的国际政治与舆论斗争更加激烈。西方打压渗透中国的客观形势要求我们必须

[①] 习近平：《高举中国特色社会主义伟大旗帜 为全面建设社会主义现代化国家而团结奋斗——在中国共产党第二十次全国代表大会上的报告》，人民出版社2022年版，第43页。

时刻保持高度警惕,牢牢坚持党对高校的领导,坚决打赢这场接班人争夺战,维护党和国家长治久安。

从国内看,有的热点问题和事件容易在高校传导和发酵,统一思想、凝聚力量的任务更重。当前我国正处于全面建设社会主义现代化国家的发展关键期、改革攻坚期、矛盾凸显期,随着经济社会深刻变革、利益格局深刻调整,社会热点层出不穷,极端事件易发多发,不可避免会映射传导到校园。这要求我们要增强风险意识、底线思维,做好稳预期、稳思想、稳人心工作,有效防范和化解各种苗头性、倾向性问题,维护高校和谐稳定。

(二)高等教育高质量发展背景下高校意识形态工作对象分众化、差异化特征明显

习近平总书记指出,"要适应分众化、差异化传播趋势,加快构建舆论引导新格局"①。关于分众化,国内学界一般的理解是:传播者根据受众需求的差异性,向特定受众或受众群体提供差异性的信息与服务;关于差异化,体现在受众需求存在差异,传播信息的供给也有差异。"十三五"以来,我国高校学生规模急剧扩大带来的教育格局转变,为高校意识形态工作分众化、差异化发展带来新课题。

从高校学生群体来看,分众化、差异化一方面体现在学生代际特征呈现新特点——"00 后"大规模进入大学,他们的学习成长处于中国综合国力迅速上升的历史阶段;同时,他们的成长过程也正是世界多极化、经济全球化、文化多样化、社会信息化深入发展和我国改革开放的关键时期,他们身上表现出了鲜明的独立、开放、包容、国际化等特点,容易受到西方思想文化的隐性渗透和侵袭。另一方面体现在学生群体自身存在成长环境、家庭背景、性格特点

---

① 《习近平谈治国理政》第二卷,外文出版社 2017 年版,第 333 页。

等方面的差异,部分学生易受负能量干扰,易产生偏激情绪。

从高校教师群体来看,分众化、差异化既体现在老中青群体的差异,也体现在不同求学经历的教师群体呈现出的不同特点。比如,40岁以下的青年教师已经成为全国高校教师队伍的主要力量,他们普遍学历层次高,思想上比较活跃,文化背景和成长发展诉求多样;"海归"教师比例大幅提升,在一些高校已超过50%;外籍教师群体日益扩大。教师的职责任务从以教学为主,转变为教学、科研、社会服务、社会兼职多项任务交织。综上,高校教师队伍呈现年轻化、高学历、国际化以及角色多样化等新的时代特点。

二、新形势下高校意识形态工作的根本要求和主攻方向

习近平总书记指出,"面对改革发展稳定复杂局面和社会思想意识多元多样、媒体格局深刻变化,……一刻也不能放松和削弱意识形态工作,……否则就要犯无可挽回的历史性错误"[①]。新形势下,高校意识形态工作要立足新形势新任务,面向根本任务要求,把握主攻方向,增强开展好意识形态工作的坚定性、原则性、战斗性。

(一)把好基调:坚持马克思主义在意识形态领域的指导地位

马克思主义是社会主义意识形态的旗帜和灵魂,是我们立党立国的根本指导思想。习近平新时代中国特色社会主义思想是当代中国马克思主义、二十一世纪马克思主义,实现了马克思主义中国化新的飞跃。做好意识形态工作,从根本上讲就是要坚持以马克思主义为指导,建设具有强大凝聚力和引领力的社会主义意识形态;要用习近平新时代中国特色社会主义思想武装头脑、指导实践、推动工作,形成改造主观世界和改造客观世界的强大力量。

---

① 习近平:《论党的宣传思想工作》,中央文献出版社2020年版,第21页。

高校要不断深化对意识形态工作是党的一项极端重要工作的认识,着眼坚持马克思主义在意识形态领域指导地位的根本制度,打好马克思主义这一我国大学最鲜亮的底色。要把牢正确政治方向、价值取向和舆论导向,推进马克思主义中国化时代化大众化。要坚持用习近平新时代中国特色社会主义思想凝心铸魂,推进党的创新理论进课堂、进教材、进头脑,使党的创新理论更好地为师生所喜爱、所认同、所拥有,为高校建设发展、青年成长成才提供理论基础和方法指引。

(二)把牢责任:旗帜鲜明坚持党管宣传、党管意识形态

习近平总书记强调,"要加强党对宣传思想工作的全面领导,旗帜鲜明坚持党管宣传、党管意识形态"①。历史和实践已经证明,只有坚持党的领导,坚持党管宣传、党管意识形态,才能确保马克思主义在意识形态领域的指导地位不动摇,才能保证中国特色社会主义事业代代相传。

对高校而言,坚持党管意识形态就是要牢牢掌握党对意识形态工作的领导权、管理权、话语权。要以党的政治建设为统领,牢固树立"四个意识"、坚定"四个自信"、自觉做到"两个维护",强化意识形态工作责任制落实,切实负起政治责任和领导责任。严守纪律,把党管宣传、党管意识形态的要求落实到高校人才培养和办学治校各领域各方面全过程,传播好党的声音和主张,巩固全校师生团结奋斗的思想基础。果敢斗争,切实提高政治敏锐性和政治鉴别力,善于从政治上观察和分析问题,坚持底线思维,敢于斗争、善于斗争,不为杂音噪音干扰,不为错误思潮迷惑。

(三)把握规律:不断深化对意识形态工作的规律性认识

历史一再表明,社会主义意识形态的发生、发展与最终胜利,

---

① 习近平:《论党的宣传思想工作》,中央文献出版社2020年版,第342页。

是一个集建设和斗争于一体的漫长历史过程。我们的意识形态工作,必须坚持立破并举、重在建设,而"建设"又内在地包含着"斗争"。新时期做好意识形态工作,必须坚持两手一起抓,下好先手棋,打好主动仗,做到守土有责、守土负责、守土尽责,确保社会主义意识形态始终占据统治地位。

高校必须把握特点规律,大力推进创新。要着眼系统化要求,在意识形态工作定位上要坚持系统思维,将意识形态工作与高校人才培养中心工作统筹谋划、协同推进、有效贯通。偏离中心工作,高校意识形态工作就无法从根本上履行好使命责任。要着眼制度化推进,建立健全责任落实长效机制,把落实责任制要求贯穿体制机制设计、执行全过程,构建系统完备、运行规范、科学有效的意识形态工作体系、制度机制。要着眼时代化挑战,善于分析研究师生思想动态新情况、新问题,善于根据时代环境发展变化,因时因事因势创新意识形态工作载体和方式方法,不断提高工作能力和水平。

三、站稳守好高校意识形态前沿阵地的时代要求和实践路径

（一）加强理论武装,强化马克思主义在意识形态领域的指导地位

"思想舆论阵地一旦被突破,其他防线就很难守得住。"[①]因此,着眼当前高校意识形态工作面临的特殊形势任务,要把学习贯彻习近平新时代中国特色社会主义思想作为思想理论武装的重中之重,教育引导党员领导干部和广大师生坚定理想信念,筑牢思想理论根基。一是要深入推进马克思主义基本理论宣传阐释。建强马克思主义理论学科和马克思主义学院,推进马克思主义中国化

---

① 习近平:《论党的宣传思想工作》,中央文献出版社2020年版,第23页。

时代化大众化。要把坚持以马克思主义为指导全面落实到思想理论建设、哲学社会科学研究、教育教学各方面。二是要强化"关键少数"的思想理论武装。建立健全"三级联动"学习机制,发挥示范带动作用,将各级党组织打造为开展思想理论学习的"桥头堡",带动党员领导干部做马克思主义的坚定信仰者和忠实实践者。三是要提升师生思想理论学习实效性。坚持学思悟相结合、知信行相统一,帮助师生学会运用马克思主义基本立场观点方法分析和认识问题,澄清模糊认识,践行真理要求,让马克思主义从"说服人心"转化为"推动人行"。

(二)加强教育引导,强化师生对中国特色社会主义制度的政治认同、思想认同和情感认同

思想政治工作的关键是政治方向,基础是德育,本质是意识形态。因此,意识形态工作与高校人才培养中心工作的紧密结合,集中体现在抓好思想政治工作上,重在"用中国特色社会主义理论体系引导舆论,用社会主义核心价值观凝聚人心"[1]。一是要建强思政课这门立德树人的关键课程。要在思路、师资、教材、教法、机制等方面持续用力,提升课程质量,在面上实现全覆盖的基础上,力求课程的实效性和穿透力,让学生坐得住、听得进,让马克思主义基本原理融入学生的理想信念,转化为指导学生成长发展的真理力量。二是要构建贯通高水平人才培养体系的思想政治工作体系。进一步深化"三全育人"综合改革,紧紧围绕立德树人中心环节,在学科体系、教学体系、教材体系、管理体系中系统建构思想政治工作内容和机制,形成科学化、常态化的教育引导体系。三是要坚持教育者先受教育,建设高素质教师队伍。严把大学师资队伍的素质要求、人员构成、培训体系,建立并落实好政治学习、培训轮

---

[1] 习近平:《论党的宣传思想工作》,中央文献出版社2020年版,第22页。

训、实践锻炼、日常督导等制度,完善教育、宣传、考核、监督与奖惩相结合的师德建设长效机制,打造政治素质过硬、业务能力精湛、育人水平高超的高素质教师队伍。

(三)健全制度机制,强化党委意识形态工作主体责任和各级党组织意识形态工作责任

制度机制具有根本性、全局性和长期性,加强制度机制建设,对从根本上增强高校意识形态工作的严肃性、规范性、针对性和实效性有重要意义。要"充分发挥制度体制优势,坚持管用防并举,方方面面齐动手"①。一是要坚持用制度化保证规范化。立足指导性和约束性、鞭策性和激励性、规范性和程序性,将意识形态工作纳入重要议事日程,纳入党建工作责任制,纳入重点工作部署,纳入任务目标管理体系,构建责任制链条,层层传导压力,级级明确责任,推动制度落实落地。二是要针对外部社会环境和意识形态工作特征,深化规律认识,强化科学化手段运用。综合运用形势研判机制、决策推进机制、舆论引导机制、舆情监测预警机制、重大突发事件预案机制等方式,打通各部门、各院系之间的工作脉络,理顺各项工作责任的运行规则,增强协同联动,提高意识形态工作的针对性、实效性。三是要选优配强党员领导干部队伍,为制度机制运行做好人力资源保障。党员领导干部要对照自身站位不高、能力不足、办法不多、效果不好等问题,补短板、强弱项,力争做能有效履职尽责的行家里手。要着力建设能力素质过硬的一线宣传思想工作队伍,有效打通责任落实的"最后一公里"。

(四)加强阵地管理,强化正面建设、正面宣传和主流舆论引导

阵地是发出党和人民声音、传播先进思想文化的主要场所、基

---

① 习近平:《论党的宣传思想工作》,中央文献出版社2020年版,第22页。

本依托。我们要增强阵地意识,落实责任制要求,确保意识形态阵地可管可控、风清气正。一是要推进课堂主渠道建设。协同抓好思政课和课程思政,强化专业知识教育和思想政治教育有机统一,使各类课程与思政课同向同行。充分挖掘利用各类课程的思想政治教育元素和资源,落实高校每门课程、每名教师、每个课堂的育人职责,把思想引导和价值观塑造融入每一门课的教学之中。二是加强各类宣传思想文化阵地建设和管理。在教学阵地之外,要综合考虑校园科研阵地、论坛阵地、舆论阵地、网络阵地、第二课堂活动阵地等不同类型阵地的特点特征,优化管理流程,明确管理责任,形成管理闭环。三是完善坚持正确导向的网络舆论引导工作体系。要善于运用各类媒体等宣传阵地,讲好中国故事,传递向上能量,着力构建网上网下一体、校内校外联动的主流舆论格局,建立以内容建设为根本、先进技术为支撑、创新管理为保障的马克思主义全媒体传播体系,将枯燥的教育说教转化为形象的网络教育产品,增强意识形态工作的时代感、感召力。

总的来讲,意识形态是一个社会最核心的政治资源,对社会发展发挥着巨大的能动作用。中国特色社会主义大学肩负意识形态工作责任,是历经历史与实践考验而作出的必然选择。要强化阵地意识,守土有责、守土负责、守土尽责,带领师生增强"四个意识"、坚定"四个自信"、做到"两个维护",切实维护国家政治和文化安全,源源不断地培养社会主义建设者和接班人。

用党的二十大精神引领新时代高校意识形态工作[①]

李向阳

(山东大学党委副书记,南开大学原党委常委、宣传部部长)

党的二十大报告指出,"我们要坚持马克思主义在意识形态领域指导地位的根本制度","建设具有强大凝聚力和引领力的社会主义意识形态",强调"牢牢掌握党对意识形态工作领导权,全面落实意识形态工作责任制,巩固壮大奋进新时代的主流思想舆论","增强实现中华民族伟大复兴的精神力量"。新时代新征程,必须以党的二十大精神为引领,不断增强政治自觉、思想自觉、行动自觉,以高校意识形态工作的新加强、新成效,彰显中国精神、中国价值、中国力量的厚重底色与强大效能。

一、以"两个确立"导航定向,夯实新时代高校意识形态工作之基

意识形态工作是党的一项极端重要的工作,事关党的前途命运,事关国家长治久安,事关民族凝聚力和向心力。做好党的意识形态工作,离不开领导核心掌舵领航,离不开科学理论指引方向。这是马克思主义建党学说的基本观点,也是马克思主义政党走向成熟的重要标志,更是马克思主义指导意识形态工作的前提和基础。

---

① 本文主要内容原载《天津日报》2022年11月28日第9版,编入本书时内容有增补和修改。

党的十八大以来,在各种风险挑战和重大考验面前,正是因为习近平总书记掌舵领航和习近平新时代中国特色社会主义思想统领指导,我们党才能牢牢确立和坚持马克思主义在意识形态领域指导地位的根本制度,才能取得新时代党的创新理论深入人心、社会主义核心价值观广泛传播、中华优秀传统文化创造性转化和创新性发展、文化事业日益繁荣、网络生态持续向好等突破性进展和标志性成果。中国特色社会主义新时代的伟大实践充分证明,党确立习近平同志党中央的核心、全党的核心地位,确立习近平新时代中国特色社会主义思想的指导地位,是推动党和国家事业取得历史性成就、发生历史性变革的决定性因素,是新时代意识形态领域形势发生全局性、根本性转变的关键所在,也是新征程上为国家立心、为民族立魂的根本保障。

高校应当从意识形态工作的政治立场、政治方向、政治原则高度,深刻领悟"两个确立"的决定性意义,把做好新时代高校意识形态工作的基点放在践行"两个维护"、诠释政治担当上,把是否学懂弄通做实以习近平同志为核心的党中央对意识形态工作的决策部署,作为检验政治判断力、政治领悟力、政治执行力的首要标准。旗帜鲜明坚持党管宣传、党管意识形态,以党的政治建设为统领,加强党对意识形态工作的全面领导,从新时代高校意识形态工作的内涵和外延上聚焦党中央在关心什么、强调什么,深刻领会什么是党和国家最重要的利益、什么是最需要坚定维护的立场,通过高质量高水平完成举旗帜、聚民心、育新人、兴文化、展形象的使命任务,坚定不移同以习近平同志为核心的党中央保持高度一致。

高校应当从意识形态工作的重大任务、重大举措、重点环节高度,把拥护"两个确立"、做到"两个维护"的行动具体化实效化。按照党的二十大报告作出的部署、提出的要求,坚持马克思主义在意识形态领域指导地位的根本制度,坚持为人民服务、为社会主义服务,坚持百花齐放、百家争鸣,坚持创造性转化、创新性发展,持续健全用党的创新理论武装全党、教育人民、指导实践工作体系,不断巩固马克思主义在意识形态领域的指导地位,不断巩固全党全国各族人民团结奋斗的共同思想基础,建设具有强大凝聚力和引领力的社会主义意识形态,建设具有强大生命力和创造力的社会主义精神文明,建设具有强大感召力和影响力的中华文化软实力,增强实现中华民族伟大复兴的精神力量。

南开大学聚焦"固根本",深入学习贯彻习近平新时代中国特色社会主义思想,及时传达学习党中央决策部署,旗帜鲜明从国家安全高度加强党对意识形态工作的全面领导,党委常委会和职能部处、院系党组织对标对表、专题研究、定期研判,确保牢牢掌握领导权主动权主导权。着力"壮声势",高举新时代思想旗帜,组织一批专家深度参与中央"马工程",大力建设习近平新时代中国特色社会主义思想研究院、21世纪马克思主义研究院、中国式现代化发展研究院,推动党的创新理论"三进"和思政课改革创新,通过主流媒体广泛宣传报道,形成主旋律、正能量的强大气场。积极"塑特色",牢记习近平总书记来校视察时的殷殷嘱托,弘扬百年南开爱国主义传统和红色文化基因,把"爱国三问"作为学生"必答题",把"师生四同"社会实践作为"驱动力",引导师生"小我融入大我",与国家民族同频共振,坚决以实际行动捍卫"两个确立"。

二、以"自信自强"凝心铸魂,展现新时代高校意识形态工作之为

党的二十大的主题,突出强调了"自信自强、守正创新、踔厉奋发、勇毅前行"的精神状态和"团结奋斗"的时代要求,这对于做好新时代高校意识形态工作具有提神醒脑、举旗亮灯的重要意义。

众所周知,意识形态工作说到底是做人的工作,统一思想、凝聚力量是中心环节。从这个意义上讲,引导全体师生员工增强做中国人的志气、骨气、底气和深沉强烈的文化自信,展现奋发昂扬的精神面貌,在理想信念、价值理念、道德观念上紧紧团结在一起,在党的旗帜下团结成"一块坚硬的钢铁",心往一处想、劲往一处使,必定是新时代高校意识形态工作的鲜明标识和实践意涵。

要把自信自强、团结奋斗作为新时代高校意识形态工作始终高扬的主旋律。文化自信,是更基础、更广泛、更深厚的自信,是更基本、更深沉、更持久的力量。党的十八大以来,以习近平同志为核心的党中央把"建设具有强大凝聚力和引领力的社会主义意识形态"作为新时代坚持和发展中国特色社会主义的重大命题,把文化自信作为中国特色社会主义"四个自信"的重要内容,都充分体现了对自信自强、团结奋斗的战略考量和深刻洞察。习近平总书记深刻指出:"我们现在是距离中华民族文化复兴最近的一个时代。我们自信起来了。"[①]"一百年来,党和人民取得的一切成就都是团结奋斗的结果,团结奋斗是中国共产党和中国人民最显著的精神标识。"[②]从意识形态的内涵特征角度看,鲜明的政治属性、思想属性和文化属性,决定了只有保持自信果敢、自强不息的精神风貌,保持定力、勇于变革的工作态度,永不懈怠、锐意进取的奋斗姿态,意识形态领域的各项工作才能更好体现时代性、把握规律性、富于创造性。特别是面对新征程上的新形势、新挑战、新考验,更加需要突出意识形态工作的精气神、自信心导向,更加需要统一思想、凝聚力量、团结奋斗的思想保证、舆论支持、精神动力和文化条件。

---

① 任理轩:《文化自信何以更加坚定》,《人民日报》2022年9月29日。
② 习近平:《在二〇二二年春节团拜会上的讲话》,《人民日报》2022年1月31日。

要把凝心聚力、服务人民作为新时代高校意识形态工作始终追求的落脚点。为国家立心、为民族立魂,归根到底是要通过牢牢把握意识形态工作领导权和话语权,发挥人民群众在意识形态建设中的主体作用,始终着眼民心这个最大的政治,在服务人民中凝聚民心、争取人心、筑牢同心,彰显"以人民为中心"的发展立场。党的二十大报告对文化建设和意识形态工作作出的各项部署,从广泛践行社会主义核心价值观到提高全社会文明程度,从繁荣发展文化事业和文化产业到增强中华文明传播力影响力,各方面各环节都贯穿着强信心、聚民心、暖人心、筑同心的鲜明价值取向。用社会主义核心价值观凝聚人心、汇聚民力,引导人民知史爱党、知史爱国,提高人民道德水准和文明素养,在全社会弘扬劳动精神、奋斗精神、奉献精神、创造精神、勤俭节约精神,推出更多增强人民精神力量的优秀作品,创新实施文化惠民工程等,都充分展现了新时代意识形态工作的人民立场、人民宗旨、人民观点,体现了"人民有信仰,民族有希望,国家有力量"的鲜明特质。

南开大学坚持以校园文化彰显自信、成风化人、陶铸情怀,每年新生入校、毕业典礼以及清明节、校庆日、抗战胜利纪念日,都要举办"纪念先贤、缅怀先烈、铭记历史"主题活动,师生互动重温"爱国三问",把自信自强、爱国奋斗的精神追求融入京剧党课、红色话剧、文献展览,明理增信、崇德力行;蓬勃开展"忠诚报国、担当奉献"主题国防教育、国家安全教育活动,讲好习近平总书记回信勉励的南开八学子故事,强化立大志、成大才、担大任;学校获评全国文明校园,学生宿舍诚信超市、成长社区润物无声,以"人文雅舍"诠释社会主义核心价值观的南开表达,形成浓厚浸润式的爱国爱校、团结奋进氛围。坚持以社会实践强化认同、凝聚人心、服务中国,赓续知中国、服务中国光荣传统,每年开展"小我融入大我、青春献给祖国"主题社会实践,国情民情调研、红色文化育人、服务国家战略等实践专项持续深化,近三年参与师生超过34000人次,建立人才培养和实习实践基地近500个,新建南开书屋200所,在全国推动建设服务乡村振兴战略的中国式现代化工作站,赢得人民群众的广泛赞誉,也发挥了师生群众主体作用,激发了师生爱党爱国爱社会主义的热忱。

三、以"斗争精神"正本清源,彰显新时代高校意识形态工作之特

随着百年未有之大变局加速演进,世界范围的意识形态斗争更加尖锐复杂,呈现出新特点新趋势,我国意识形态安全始终面临风险挑战,而高校始终是意识形态斗争的前沿阵地。对此,必须强化底线思维和极限思维,保持"时时放心不下"的精神状态和责任担当,把意识形态工作这根弦绷得紧些再紧些,发扬斗争精神,提高斗争本领,把握斗争策略,以激浊扬清的工作正本清源、守正创新。

要增强政治敏锐性和政治鉴别力,把斗争精神体现在敢抓敢管、敢于亮剑上。旗帜鲜明坚持真理,立场坚定批驳谬误,涉及大是大非和政治原则问题毫不含糊、寸步不让。注意区分政治原则问题、思想认识问题、学术观点问题,强化理论学习和专业知识培训,提高对意识形态领域具体问题的预判分析、把握处置等能力,打造一支政治过硬、本领高强、求实创新、能打胜仗的意识形态工作队伍,确保关键时刻不失语、不失声、不失察、不失管。正如习近平总书记强调的:"凡是危害中国共产党领导和我国社会主义制度的各种风险挑战,凡是危害我国主权、安全、发展利益的各种风险挑战,凡是危害我国核心利益和重大原则的各种风险挑战,凡是危害我国人民根本利益的各种风险挑战,凡是危害我国实现'两个一百年'奋斗目标、实现中华民族伟大复

兴的各种风险挑战，只要来了，我们就必须进行坚决斗争，而且必须取得斗争胜利。"①

要占据主战场、打好主动仗，把斗争精神体现在用网治网、守好阵地上。互联网日益成为意识形态斗争的主阵地、主战场、最前沿，在互联网这个战场上能否顶得住、打得赢，直接关系我国意识形态安全。可以说，这是当前意识形态工作面临的"最大变量"，也是守土尽责、立破并举的"最大增量"。要坚持正能量是总要求、管得住是硬道理、用得好是真本事，科学认识网络传播规律，自觉提高用网治网水平，按照党的二十大部署，把握互联网发展的新特点新规律，创新方式手段，鼓励主动作为，加强全媒体传播体系建设，塑造主流舆论新格局，健全网络综合治理体系，推动形成良好网络生态，不断提高主流意识形态在网上的传播力、引导力、影响力、公信力，让正能量产生大流量。

要坚持胸怀天下、讲好中国故事，把斗争精神体现在提升国际传播效能、形成国际话语权上。立足于增强中华文明传播力影响力，坚守中华文化立场，积极主动提炼展示中华文明的精神标识和文化精髓，加快构建中国话语和中国叙事体系，深化文明交流互鉴。通过真实、立体、全面的方式和生动、鲜活、自然的手段讲好中国故事、传播好中国声音，展现可信、可爱、可敬的中国形象，促进加强国际传播能力建设，全面提升国际传播效能，形成同我国综合国力和国际地位相匹配的国际话语权；同时积极回应国际关切，真诚亲和增进国际共识，从而在世界意识形态斗争博弈中持续强化于我有利的大环境大形势大格局。

南开大学坚持敢于善于斗争，对具有意识形态属性的校园阵地平台、工作载体等3大类32个子项，进行系统梳理排查，强化心

---

① 《习近平谈治国理政》第三卷，外文出版社2020年版，第226页。

中有底数、工作有台账、管理有主体、内容有指导、落实有措施,督促守土负责尽责。学校、院系和支部各层面紧密协同,结合中央巡视整改,召开意识形态、师德师风专题警示教育会,举一反三,以案示警,持续拧紧重点阵地管理链条。坚持全力化解风险隐患,强化世界百年未有之大变局下的忧患意识,以"时时放心不下"的责任感,从初、小、细、微的风险源头发现问题、应急妥处,自觉提高网络信息时代思政工作能力本领,用心用情用力解决师生关切的实际问题。同时还积极主动服务国家外宣战略,发挥综合性研究型大学的学科人才优势,深度链接、有效利用世界一流的科教资源和创新要素,与 320 多所国际知名大学和学术机构建立紧密联系,构建丰富立体的国际合作交流关系,蓬勃开展"庆贺叶嘉莹教授百岁华诞暨中华诗教国际学术研讨会"等弘扬中华优秀传统文化的系列活动,多措并举、立体化全方位讲好中国故事,传播好中国高校声音,展示新时代中国高校的文化底蕴和卓越作为,进而不断塑造更加可信、可爱、可敬的中国形象。

新时代高校宣传工作的经验与策略

覃川

(清华大学美术学院党委书记,原校党委宣传部常务副部长、新闻中心主任)

宣传工作是党的一项极端重要的工作,高校是意识形态工作的前沿阵地。进入新时代以来,高校宣传思想工作战线自觉担当举旗帜、聚民心、育新人、兴文化、展形象的使命任务,促进广大师生在理想信念、价值理念、道德观念上紧紧团结在一起,凝心聚力扎根中国大地办好世界一流大学。系统总结这一时期的经验做法无疑有着重要的理论意义和实践价值。

一、坚持提高政治站位,心怀大局、担当作为

高校党委和各级党组织始终坚持以习近平新时代中国特色社会主义思想为指导,紧紧围绕加快推动高校事业改革发展和"双一流"建设等中心工作,切实把宣传思想工作作为高校坚持党的政治路线、加强党的政治建设、加强党的思想政治领导、巩固党的群众基础和办学治校基础的重要内容。积极动员组织广大党员、干部和师生群众,开展理论武装、舆论引导、思想教育、文化建设、文明培育等各类工作和活动。明确做好宣传思想工作的总体要求和基本原则,坚持以师生为中心,坚持围绕中心、服务大局,坚持解放思想、实事求是,坚持团结建设、正面为主,坚持固本培元、守正创新,坚持统筹兼顾、整体推进。

二、坚持加强党的领导,多措并举、统筹协同

高校党委坚持集中统一领导、党政齐抓共管,强化统筹指导机制,明确宣传部门主管意识形态方面工作和牵头协调精神文明建设的职能定位,充分组织调动各相关部门履职尽责、协同推进,工会、共青团、关心下一代工作委员会等各方面共同参与,激发基层组织机构和人员的内在活力,推动"大宣传"工作格局更为体系化、科学化、高效化、精准化。完善政策制度,加强对基层工作的指导支持,构建全校一体化、协作式工作机制。建强专业化高素质宣传思想工作人才队伍,切实改进文风、贴近基层、服务师生。积极拓展资源,落实经费、人员、场地及相应软硬件设施等条件保障,加强信息化建设。规范进行工作考评和监督检查,将宣传思想工作开展情况纳入党建工作责任制和意识形态工作责任制,纳入领导班子、领导干部目标管理,纳入监督执纪问责范围。

三、坚持强化理论武装,学深悟透、善作善成

在高校党委统一领导下,完善由宣传部门牵头抓总负责、组织部门侧重干部党员教育培训、其他党委部门分工合作、行政业务部门积极配合、各院系各部门具体组织落实的工作格局。抓实理论学习中心组学习和理论宣讲工作,健全理论学习工作体系,分层分类细化施策,持续提升理论学习质量效果。重点强化学习内容提供能力,打造一批精品党课和慕课。结合庆祝中国共产党成立100周年、迎接党的二十大召开等重要事件,通过多种形式在全体党员干部中系统深入地开展党史学习教育、学习贯彻习近平新时代中国特色社会主义思想主题教育等集中学习教育。发挥学科专业优势,积极承担理论课题,抓好党的建设与思想政治工作各类研究项目。提升哲学社会科学学科体系、学

术体系、话语体系建设水平,积极参与全球哲学社会科学领域的对话和交流。

四、坚持健全科学体系,凝心聚魂、提质增效

构建高水平的思想政治工作体系,加强领导协调,强化整合联动,完善科学评价,创新思路方法。加快推进思想政治理论课改革创新,落实中央宣传部、教育部制定的《新时代学校思想政治理论课改革创新实施方案》,建好专兼职教师队伍。有计划地推进课程思政建设,筑牢同向同行根基。充分发掘课堂内外各类思想政治教育元素,因势利导开展理论时政宣传教育。以党建为"龙头",重点抓好积极分子培养和党员发展,因势利导建设各类功能型党支部和临时党支部。以品牌主题教育和实践活动为抓手,构建全频谱学生发展指导和支持体系。完善班主任与辅导员协同工作模式,加强学生思想政治工作队伍和学生事务工作队伍建设。加快构建研究生"导学思政"工作体系,实现研究生成长、导师发展、学术创新的有机结合。积极引导理论专家、优秀教师等参与网络思政工作,鼓励开展在线朋辈互动教育。做好教职工思想政治工作,健全师德师风建设和考评长效机制,加强高层次人才、海归教师、青年教师、新入职教师等群体的思想引领,做好青年学术骨干的政治吸纳。

五、坚持壮大主流声音,融合发展、同频共振

把准新闻工作的政治方向、舆论导向、价值取向,巩固壮大校园主流思想舆论,不断丰富和创新工作理念、方式、手段。大力推动校园媒体融合向纵深发展,用好新技术新形态,推进融媒内容创制供给侧结构性改革,构建适应全媒体业务生态的新型组织架构和采编流程。坚持移动优先的新媒体发展策略,推动信息内容、技

术应用、平台终端、人才队伍共享融通,打造以"两微(微信微博)、多短(各短视频平台)"为重点、众多社交媒体账号为主体的校级新媒体矩阵,构建"新闻+服务"工作模式。打好新闻发布和舆情应对"主动战",实现新闻、舆情工作与重要业务工作同谋划、同部署、同落实。深化与主流媒体、重点媒体的良性互动,不断做大做强"朋友圈"。积极开展全球传播工作,以统筹校内外各类媒体传播为主,兼顾活动传播、人际传播、物料传播、环境传播、文化传播等多种方式和渠道。

六、坚持树立文化自信,价值引领、育人为本

构建有特色的校园文化生态,加强对以校训、校风为核心的大学文化和精神传统的研究、传承与弘扬,深入发掘档案史料,开展对校园文化遗存、文物遗产和各类纪念物的集中普查和建档管理。完善通识教育课程体系,鼓励开设特色课程,打造一批精品课程。充分发挥图书馆、校史馆、博物馆、展览馆等设施的文化传承及育人作用,大力引进高水平演出展览,提高师生文艺团体建设水平。通过主题教育、党团日活动、文化体验、日常浸润等方式,促使师生将社会主义核心价值观内化于心、外化于行。将精神文明建设更好融入党的建设和思想政治工作整体布局,加强国家意识、法治意识、社会责任意识教育,加强民族团结进步教育、国家安全教育、科学精神教育。全面落实《新时代爱国主义教育实施纲要》《新时代公民道德建设实施纲要》,广泛选树宣传先进典型和身边榜样。对标《全国高校文明校园测评细则》,把文明校园创建工作与办学治校、改革发展等中心工作紧密结合。

七、坚持落细落实责任,把握主动、守牢底线

坚持党管意识形态,牢牢把握高校意识形态工作领导权,健全

党委统一领导、党政同责、齐抓共管的工作格局和宣传部门归口管理、相关职能部门协同联动、各单位规范履职的工作机制。完善相关制度规定，建立任务台账，组织意识形态工作自查自纠和重点检查，纳入党建工作责任制，纳入校内巡视监督和党的纪律监督检查范围。坚持"一岗双责"，发扬斗争精神，在基层单位中压实责任，进一步提升维护校园稳定和政治安全的能力。加强阵地管理，严格规范教学纪律，完善闭环式全程督查管理机制。强化教材编写出版和使用管理工作，制定会议活动场所等管理规程，加大对各类线上线下活动的风险研判和过程管理力度。健全校园网络综合治理格局，开展各类校园网络传播平台的信息内容治理工作，常态化排查敏感信息。开展网络安全、网络文明宣传教育，培育清朗向上的校园网络文化生态。

我们要充分认识加强和改进高校宣传思想工作的重要性、紧迫性，以改革创新精神不断提高工作水平和成效，以高质量的宣传思想工作引领和推动学校各方面工作实现高质量发展。

一是全面加强党的思想建设，切实把习近平新时代中国特色社会主义思想学习好、宣传好、贯彻好。坚持用习近平新时代中国特色社会主义思想武装全党、教育师生、推动工作，组织实施党的创新理论学习教育计划，不断加强和改进面向不同群体的有针对性的理论学习，切实推进学习型组织建设。落实理论学习全覆盖工作要求，以基层党支部为载体组织本单位全体教职工参加学习，完善学习记录台账制度。

二是切实加强和改进高校思想政治教育，健全全员全程全方位育人体制机制。坚持社会主义办学方向，坚持价值塑造、能力培养、知识传授"三位一体"教育理念，完善理想信念教育齐抓共管机制。把思想政治理论课作为重点课程、马克思主义理论学科作为重点学科、马克思主义学院作为重点学院持续加强建设，开好思政选修课、实践课。扎实开展课程思政、导学思政建设,办好"大思政课",强化对学生成长发展的全面支持,形成育人合力。

三是坚持党管意识形态,严格落实意识形态工作责任制,持续完善工作体系、制度和机制。筑牢思想防线,持续完善阵地管理体制机制,加强联动协同,管好课堂教学主阵地,把好教师聘任考核关,规范管理好网站和各类网络媒体账号、宣传展示平台、公共空间等,强化场所及会议活动管理的主体责任。加强网络文化建设与网络空间综合治理,完善网络舆情监测系统,对错误思潮和言论敢于亮剑斗争。

四是深入推进校园融媒体建设,提高宣传思想工作队伍的本领素质。加快构建深度融合的校园全媒体传播体系,强化品牌建设和精品策略,健全多类主体联动、网上网下统筹、科学精准生动、富有活力成效的工作机制。增强参与对外传播工作的主动性、创造力和胜任力,提升全球传播能力。选优配强宣传思想文化工作部门干部,把宣传思想工作队伍建设纳入学校人才队伍建设计划和培训规划,组织开展各类培训研修,强化队伍实践锻炼。

五是坚持不懈做好价值引领工作,为学校改革发展提供有力思想保障和不竭精神动力。有针对性地开展理论武装、舆论引导、思想教育、文化建设、文明培育等工作和活动,推动宣传思想工作与学校战略举措、重点任务有机结合,强化"大宣传"理念、"一盘棋"思想,探索创新工作机制。统筹整合校内外各种优势资源,走好群众路线,把方方面面的积极性调动起来,形成宣传思想工作的强大合力。

六是勇于面对新形势新问题,善于抓住新机遇、运用新方法,打造宣传思想工作创新发展的良好局面。针对舆论环境、传播形态、师生思想状况等方面的变化,积极探索有利于破解工作难题的新举措新办法,着眼校内外贯通、海内外统筹的大视野,立足院系基层一线,不断以思想认识新飞跃打开工作新局面。着力提升网络运用能力、增强舆论引导能力,不断增强应对网络舆情和突发事件的能力。

如何把握高校意识形态
建设的政策要求

严蔚刚

(东北师范大学党委常委、宣传部部长兼社会科学处处长)

党的二十大报告指出,意识形态工作是为国家立心、为民族立魂的工作,要建设具有强大凝聚力和引领力的社会主义意识形态。高校是意识形态工作的前沿阵地,做好高校意识形态工作,体制机制建设是关键。准确把握党和国家相关要求是建立健全高校意识形态工作体制机制的基本前提。

意识形态工作体制关涉各类工作主体之间的权力配置和职责划分,主要解决"谁来干"的问题;意识形态工作机制是对工作中各要素之间的关系所进行的设计、调整和完善,主要解决"怎么干"的问题;意识形态工作责任体系建设是工作体制机制建设内在的、不可或缺的组成部分,关涉明责、履责、问责等方面内容,主要解决"干不好怎么办"的问题。体制机制和责任体系是一个有机整体,彼此既有区别又紧密关联。

一、高校意识形态工作体制建设的政策要求

体制问题关涉领导权和工作格局。党的十八大以来,高校意识形态工作体制的相关政策随着客观形势的变化不断深化拓展,意识形态的领导权和工作格局更加明确和完善。概言之,高校意识形态工作体制为"党委全面领导、党政齐抓共管、宣传部门组织协调、有关部门分工负责"。这一体制的确立和深化体现了以下

特点。

第一，强调党委的"全面领导"。在2016年召开的全国高校思想政治工作会议上，习近平总书记指出，"办好我国高等教育，必须坚持党的领导，牢牢掌握党对高校工作的领导权，使高校成为坚持党的领导的坚强阵地""高校党委对学校工作实行全面领导，承担管党治党、办学治校主体责任，把方向、管大局、作决策、保落实"。① "全面领导"不仅强调领导权的归属，而且强调领导范围和领导程度。抓好意识形态工作是坚持社会主义办学方向的重要举措。高校党委领导意识形态工作的内涵不仅应包含工作形式上的领导权，更应包含对管党治党、办学治校过程中各个环节的意识形态工作进行全面、充分、深入的领导。

第二，强调宣传部门的"重要职责"。党的宣传部门作为意识形态工作职能部门，是意识形态工作的主要承担者。习近平总书记指出，"宣传思想部门承担着十分重要的职责，必须守土有责、守土负责、守土尽责"②。高校要建立健全党委统一领导、党政工团齐抓共管、党委宣传部门牵头协调、有关部门和院系共同参与的高校宣传思想工作格局，其中宣传部门要发挥好"牵头"和"协调"作用。建设具有强大凝聚力和引领力的社会主义意识形态，是全党特别是宣传思想战线必须担负起的一个战略任务。

第三，强调"全党动手""各条战线各个部门一起来做"。意识形态工作作为一项意义重大、涉及面广的极端重要工作，仅仅依靠宣传部门是不够的，尤其是高校这样以传播知识、产生思想、弘扬文化为主要工作内容的组织，各方面都关涉意识形态，因此更需要构建大宣传、大意识形态的工作格局。习近平总书记指出，"做好宣传思想工作必须全党动手"③，"要树立大宣传的工作理念，动员

---

① 习近平：《论党的宣传思想工作》，中央文献出版社2020年版，第278—279页。
②③ 习近平：《论党的宣传思想工作》，中央文献出版社2020年版，第18页。

各条战线各个部门一起来做"①。习近平总书记在2018年召开的全国教育大会上强调,"思想政治工作是学校各项工作的生命线"②"办好教育事业,家庭、学校、政府、社会都有责任"③。这既要求校内各方面工作同向同行,也要求校内校外形成育人合力,蕴含其中的是大教育、大宣传的工作理念。

二、高校意识形态工作机制建设的政策要求

高校意识形态工作机制建设,旨在通过在工作运行过程中对各要素间关系进行设计、调整和完善,实现工作效益最大化。政策层面对高校意识形态工作机制提出了明确要求,具体体现为:从工作主体、工作对象、工作流程和应对突发情况等方面强调建立联动机制、同步机制、闭环机制和应急机制等要求。

第一,强调建立联动机制。联动机制强调的是工作主体间的横向和纵向的联动关系,主要体现在工作方式上。习近平总书记要求把宣传思想工作同各个领域更加紧密地结合起来,即实现意识形态工作党内联动和党内党外联动。中央有关政策提出的意识形态工作要"党政齐抓共管"、高校要逐步完善宣传思想工作"党政工团齐抓共管"等等,均是在横向上要求主体间构建联动机制。此外要"坚持三级联动",即高校党委、院系党组织、基层党支部要积极行动,实现纵向的上下联动。

第二,强调建立同步机制。同步机制强调的是工作对象间的关系,主要体现在工作安排上。相关政策要求高校将意识形态工作与中心工作紧密结合、同步开展,即构建"同步机制"。落实在实际工作中,则需要将意识形态工作与大学"人才培养、科学研究、

---

① 习近平:《论党的宣传思想工作》,中央文献出版社2020年版,第18页。
②③ 《习近平总书记教育重要论述讲义》,高等教育出版社2020年版,第27页、第85页。

社会服务、文化传承创新、国际交流合作"的主要功能相结合,特别是与教学、科研等中心工作相结合,做到"同部署、同落实、同检查、同考核"。"同步机制"蕴含的思想不是在布置、检查、考核工作时间上的简单一致,也不是把不同工作对象做相加式的简单归拢,而是真正把意识形态要求贯通融会于各项工作之中,即由"相加"走向"相融"。

第三,强调建立闭环机制。闭环机制强调的是工作步骤间的关系,主要体现在工作流程上。意识形态工作作为一项做人的思想的工作,具有高度复杂性,必要的工作环节的缺失通常会导致事倍功半,甚至前功尽弃,出现严重后果。"闭环机制"的意义就在于从程序上保证工作的良好成效。有关政策对意识形态工作流程提出了明确要求,即事先要进行"分析研判",落实工作过程中要"统一领导""统筹协调""督导检查""动态反馈",事后要进行"总结提升"。这些环节环环相扣,构成完整的可循环的工作流程。

第四,强调建立应急机制。应急机制是针对特殊情况、突发事件的紧急处理机制,要求事先做好防备及应对策略,避免事件进一步扩大或事态加重。高等教育领域中的一些热点、敏感问题以及突发事件,容易借助网络等现代传播工具形成舆情危机,这就需要建立相应的应急机制。高校要特别重视建立舆情应急机制,做到早发现、早报告、早处置,就改革发展重大部署和社会关切的热点敏感问题应及时发布信息,妥善做好各类突发事件的舆论引导工作。

三、高校意识形态工作责任体系建设的政策要求

高校意识形态工作责任体系建设,通常包括明责、履责、问责三方面内容。其目的是,明确意识形态工作主体责任和责任主体,建立责任追究机制,敦促意识形态工作主体守土有责、守土负责、

守土尽责,保障意识形态工作在高校落实落细。党的十八大以来,中央有关部门出台的相关政策都高度重视意识形态工作责任体系建设,对责任内容、责任履行、责任追究等方面提出明确要求。综合分析,呈现如下几方面的特点。

第一,党委主体责任不断强化。中央关于落实意识形态工作责任制的相关政策要求各级党委(党组)领导班子对本地区本部门本单位意识形态工作负主体责任。"高校党委要强化政治责任和领导责任",要"严格执行和维护政治纪律和政治规矩""党委书记、校长要旗帜鲜明地站在意识形态工作第一线""党委书记作为主要负责人,履行高校思想政治工作和党的建设第一责任人的职责"。2021年修订的《中国共产党普通高等学校基层组织工作条例》更是明确了"党管意识形态"的工作原则和"落实意识形态工作责任制"的主要职责。这些政策强调了高校党委的意识形态工作主体责任,这与高校党委履行"管党治党、办学治校"的主体责任是内在统一的。

第二,责任内容更加细化。中央关于落实意识形态工作责任制的有关政策,明确了意识形态工作责任制属地管理、分级负责和谁主管谁负责的原则,明确了各级党委(党组)主要承担的意识形态工作责任内容、党委宣传部门在责任制落实中的职责、给予责任追究的情况等,为高校意识形态工作责任体系建设提供了全面、权威的遵循。中共中央、国务院印发的《关于加强和改进新形势下高校思想政治工作的意见》对高校思想政治工作评价体系建设提出了一系列要求,包括研究制定内容全面、指标合理、方法科学的评价体系,建立问题清单、任务清单、责任清单,推动各项工作落实,加强对高校各级党组织和领导干部贯彻执行党的路线方针政策、遵守党章党规党纪情况的监督检查等。可见,有关政策对高校意识形态工作责任内容的规定更加全面、细化。

第三,责任主体更加明确。在明确党委主体责任的基础上,政策文件对领导班子其他成员、二级单位、相关责任单位的责任也作出明确规定。要求构建党委书记负总责,校长和分管副书记、其他班子成员"一岗双责",各有关部门和院系协调推进的工作机制,把宣传思想工作纳入学院和有关部门领导班子的考核中,明确各级宣传思想工作队伍的目标任务和责任清单,做到有责必问、有责必查、有责必究。强化院系党的领导,进一步发挥院系党委(党总支)的政治核心作用,把握好教学科研管理等重大事项中的政治原则、政治立场、政治方向。

第四,责任重心更加下移。基层党组织是党的细胞,细胞活则肌体健。高校意识形态工作责任层层传导,不断向基层压紧压实。要建立健全高校基层党组织,做到哪里有党员哪里就有党组织,哪里有党组织哪里就有健全的组织生活和党组织作用的充分发挥。要加强教师党支部、学生党支部特别是研究生党支部建设,充分发挥党支部组织教育管理党员和宣传引导凝聚师生的主体作用。要"突出抓好党支部教师思想政治工作",教师党支部要"着力发挥政治引领方面的主体作用",不断增强教师党员的政治意识、大局意识、核心意识、看齐意识。可见高校意识形态工作越来越注重发挥党支部作用,将责任重心直接下沉到党支部层面。

新时代党对高校意识形态工作提出的一系列体制机制方面的政策要求,根本目的是牢牢掌握高校意识形态工作领导权、管理权、话语权,维护高校意识形态安全。需要强调的是,要把握好政策性要求与创造性落实的关系,高校类别、层次、特色、历史以及所在地区、环境等千差万别,既要全面深入理解政策含义,不折不扣地严格贯彻相关要求,又要紧密联系高校实际,将政策要求精准落实到意识形态工作具体实践之中。

理论武装篇

以融合思维推动高校宣传工作提质增效

吴松全

（大连理工大学党委副书记、纪委书记，
哈尔滨工业大学原党委副书记）

党的二十大报告指出，要加强全媒体传播体系建设，塑造主流舆论新格局。这一重大战略部署充分彰显了以习近平同志为核心的党中央对全媒体发展大势的敏锐判断和对宣传思想工作内在规律的深刻揭示，是新形势下高校宣传思想工作高质量发展的重要遵循。

2014年8月，习近平总书记在中央全面深化改革领导小组第四次会议上的讲话中强调，因势而谋、应势而动、顺势而为，加快推动媒体融合发展。2019年1月25日，十九届中共中央政治局就全媒体时代和媒体融合发展举行第十二次集体学习，习近平总书记指出加快构建融为一体、合而为一的全媒体传播格局。中央全面深化改革委员会第十四次会议审议通过的《关于加快推进媒体深度融合发展的指导意见》再次提出，逐步构建网上网下一体、内宣外宣联动的主流舆论格局。从党的十八大到党的二十大，从"现代传播体系"到"全媒体传播格局""全媒体传播体系"，从"推动媒体融合发展"到"媒体深度融合、构建内宣外宣联动的主流舆论格局""塑造主流舆论新格局"，全媒体融合发展不断走向深入，以"融合思维"推动新闻舆论工作乃至整体宣传思想工作提档升级的方法论日趋成熟明晰。

如何从马克思主义世界观和方法论的角度把握和运用好"融合思维",如何在理论层面和实践层面将这一重要思维把握准、阐释清、运用好,以系统观念抓住主要矛盾、厘清内在逻辑、推动跨界整合、实现融合赋能,是面向新时代新征程推动高校宣传思想工作高质量发展必须要重点思考和研究的关键问题。

一、理论层面:把握辩证融合的发展规律

马克思指出,"两个相互矛盾方面的共存、斗争以及融合成一个新范畴,就是辩证运动"[①]。以辩证融合的哲学视角来审视和研究,对我们从根本上把握宣传思想工作的改革发展规律至关重要。从宣传思想工作自身看,融合是宣传思想工作自身不断发展的内在规律。由于内外部环境的深刻变化,高校宣传思想工作的各类具体工作形态正在通过内在矛盾的共存、斗争而逐步走向自身瓶颈的边缘。同时,这一变化趋势也正在推动不同具体工作形态的边界变得日趋模糊,原先具体工作形态中的内外部矛盾正在通过辩证运动孕育出新的关联,并显现出融合发展的巨大潜能。以融合推动宣传思想工作创新成为新的内在需求。从宣传思想工作使命来看,融合是完成好高校立德树人根本任务的必然要求。由于内外部环境的深刻变化,师生群体这一高校宣传思想工作的工作对象已经产生了诸多新的特征。从外部环境看,师生的生活空间、生活形态和生活习惯正在被重塑,要对师生产生持续有效的覆盖和引领,就必须以融合思维创新拓展宣传思想工作的工作空间和工作模式。从内部需求讲,师生的认知特点、认知模式、认知层次正在不断转变和提升,以往各类宣传思想手段在各自运作体系中的迭代更新已经显得效用不足甚至是苍白无力,亟须我们打破惯

---

① 《马克思恩格斯文集》第 1 卷,人民出版社 2009 年版,第 605 页。

性思维,以融合模式推动高校宣传思想工作改革破局。

二、实践层面:把握融合发展的重要逻辑

如何以融合思维改革破局,在"破"与"立"之间需要以全局视野、系统考量和辩证思考不断总结历史经验、打破固有套路、探索新型范式。这不可能一蹴而就,需要在否定之否定的迭代创新中不断探寻新的可能、凝练新的规律,以矛盾的共存、斗争、融合不断推动高校宣传思想工作提质增效。

三、以技术逻辑和业务逻辑的深度融合,打通"两个舆论场"

当前,我们客观上面临两个舆论场,一个是以主流媒体为代表的官方舆论场,一个是以互联网为基础的新兴媒体舆论场。

习近平总书记指出,"互联网已经成为舆论斗争的主战场"[①]"主流媒体必须紧跟时代,大胆运用新技术、新机制、新模式,加快融合发展步伐,实现宣传效果的最大化和最优化"[②]。对高校而言,如何把握媒体深度融合这个"风口",科学处理好媒体深度融合中的技术逻辑和业务逻辑,是我们打通"两个舆论场",进一步强化对青年学生思想引领的重要一环。一方面,我们应保持开放视野,准确把握5G、大数据、云计算、物联网、人工智能等新技术的发展趋势,及时掌握最新媒体技术的应用场景和巨大潜在价值,及时地推进新技术、新模式有机融入高校宣传思想工作的创新实践,切实将技术逻辑的牵引力用足。另一方面,我们应保持审慎态度,始终紧紧围绕高校宣传思想工作的核心要义和职责使命,批判地

---

① 《习近平总书记关于网络强国的重要思想概论》,人民出版社2023年版,第62页。
② 《习近平在中共中央政治局第十二次集体学习时强调 推动媒体融合向纵深发展 巩固全党全国人民共同思想基础》,《人民日报》2019年1月26日。

推动新技术、新模式融入高校宣传思想工作的创新实践,力戒被"乱花渐欲迷人眼"的新技术牵着鼻子跑,切实做到对技术逻辑的有效驾驭。

在这方面,哈尔滨工业大学(简称"哈工大")已经进行了一些创新探索。以建校百年"云校庆"为例,学校紧扣建校百年主题主线,主动把握全媒体时代传播规律和互联网平台认知规律,坚持线上线下相结合,创造性运用网络互动、视频直播等方式,制定实施了涵盖5大版块、长达15小时的云直播落地方案,推出了覆盖一年四季、一校三区的云返校活动,发布了以70余套高清VR全景图、5场空中慢直播为主要载体的云游校园服务,策划制作现象级视频30多部,上线"寻找老照片上同窗的你"等一批校友专属互动服务,以第一人称视角模拟等方式营造了校友返校沉浸式体验氛围,探索出了助力校友寻找归属感、提升参与感、获取成就感的网络参与模式,在云端引领凝聚全球校友,累计吸引全球84个国家的260余万人次参与其中,得到国内外媒体广泛报道。哈工大"云校庆"模式成为致敬历史、引领未来的经典之作。

四、以业务逻辑的深度融合,建强新抓手新载体

经过长期的建设和发展,高校宣传思想工作已经形成了一套完备有效的工作体系,工作体系中的每一个分支都形成了一套好使管用的业务逻辑。但随着宣传思想工作形势与任务的深度发展,不同分支的业务逻辑正在面临自身架构与其任务使命之间日益拉满的功能张力,这对整个工作体系的作用发挥提出了严峻挑战。从工作资源的角度来讲,不同分支所需要的工作资源正在形成越来越多的交集,如媒体宣传中的典型事迹和课程思政中的思政元素、社会实践中的红色教育和思政课程中的实践环节等。如何以融合思维推动各类资源的深度挖掘和高度复用变得更加迫

切。从工作环节的角度来看,不同分支的工作环节正在形成更加多元而密切的关联,如学生思政中的发展成效评价结果,可以作为教师思政中的育人成效评价的基础。如何以融合思维推动各类分支的不同环节有效整合,从而破除各个分支自身局限、提升整体工作质量变得十分重要。

在这方面,我们以哈工大"大思政课"的创新探索为例。学校创新"思政理论课+思政实践课+课程思政"的"大思政课"建设模式,既形成了思政课理论授课和社会实践的环节互补,又在不同课程体系中形成了哈工大红色发展历史等资源的高度复用,在高校宣传思想工作业务逻辑深度融合中具有典型性。其中,思政实践课的创新最具有代表性。思政实践课融汇理论课的学理性与社会实践的实践性,经过近5年的建设,成为一门包括8个理论学时和24个实践学时、覆盖全体大一新生的必修课。课程由全体校领导、包括5位院士在内的50余名专业教师、153名党群部门负责人、96名国内重点行业企业专家和全体学生思政工作者等450余人担任导师,带领学生走进酒泉卫星发射中心、威海新体制雷达站、贵州"中国天眼"等科研一线、工程现场、革命老区、田间地头实地见学研讨,给学生讲清楚"国家最需要的是什么""产业发展困境怎么破"等问题,使学生在学思践悟中读懂哈工大、读懂中国。这些课程既着眼于时代命题和现实关切,又结合哈工大的传统、优势、特色,真正做到了思政小课堂同社会大课堂相结合。很多学生在课程中感叹:"太震撼了,第一次离梦想如此近!""坦先生带领团队为国筑起'钢铁长城',我希望自己将来也能成为为国铸重器的哈工大人。"在这样的课程引领下,更多青年学生将"到航天去、到国防去、到祖国最需要的地方去"作为自己的人生选择,而这一以融合模式推动形成的思政实践课也成为宣传思想工作开展的新抓手新载体。

五、以大学逻辑和市场逻辑的深度融合,催生新理念新阵地

大学承担着引领辐射社会思想文化的重要功能,也在这一功能发挥中与社会和市场形成了日益密切的作用关联。如何在这一重要功能的发挥中以大学逻辑和市场逻辑的深度融合做大做强高校宣传思想工作,成为高校面临的一项全新课题。一方面,要坚持以大学逻辑为主,确保在与市场逻辑深度融合发展中去粗取精、以我为主、为我所用,使高校宣传思想工作主基调不改、主色调不变;另一方面,要坚持及时研判市场逻辑的最新动态,确保将市场逻辑的最大优势有效融入大学逻辑的发展壮大中,形成"1+1>2"的辐射放大效应,使高校宣传思想工作引领更加坚强有力。

在这方面,哈工大正在探索将大学形象与品牌管理相结合,精心设计推出哈工大品牌,这将是哈工大探索宣传思想工作大学逻辑和市场逻辑深度融合的又一创新举措。推动这一融合,一方面,要牢牢把握大学的精神内核,这是推动融合的根本前提。要始终清醒认识大学引领辐射社会思想文化这一核心功能不能变,要在牢牢守住大学根与魂的大前提下谋划大学品牌宣传,切实将这一根与魂注入哈工大品牌的理念设计、叙事设计、展示设计、互动设计各环节全过程,确保一切创新招式共同指向哈工大精神内核,成为其具体表现和重要外延。另一方面,要深刻把握市场的接纳法则,这是融合成功的重要准则。要充分研判市场受众的年龄特征、认知层次、思想动态,精心设计好受众"猎奇—感动—尊重—震撼—认同"的品牌体验情绪路线,切实以低门槛的互动手段、渐次导入的叙事手法、直击心灵的情感共鸣,将哈工大的精神内核和强大实力注入受众思想深处,反复为受众打牢哈工大品牌烙印,助力哈工大成为社会公众口碑中广泛认可的精神高地、学术高地、创新高地、求学胜地。

推动高校宣传工作高质量发展的思考

杨晓

(西北工业大学党委副书记、宣传部部长)

党的十八大以来,以习近平同志为核心的党中央把宣传思想工作摆在全局工作的重要位置,习近平总书记围绕党的宣传思想工作发表了一系列重要论述,提出了一系列新思想新观点新论断,党的二十大报告在文化建设和全面从严治党篇章也对宣传思想文化工作提出了明确要求,为我们做好新时代党的宣传思想工作提供了根本遵循。高校宣传思想战线要深入学习贯彻习近平同志《论党的宣传思想工作》和《中国共产党宣传工作条例》,紧密围绕党和国家工作大局,用习近平新时代中国特色社会主义思想凝心铸魂,构建"大宣传、大思政、大文化"融合发展工作格局,推动高校宣传思想文化工作内涵式高质量发展,落实立德树人根本任务,培养担当民族复兴大任的时代新人。

一、准确把握新时代高校宣传思想文化工作的战略任务

习近平总书记在2013年召开的全国宣传思想工作会议上强调:"经济建设是党的中心工作,意识形态工作是党的一项极端重要的工作。"①在2018年全国宣传思想工作会议上习近平总书记

---

① 习近平:《论党的宣传思想工作》,中央文献出版社2020年版,第14页。

指出:"建设具有强大凝聚力和引领力的社会主义意识形态,是全党特别是宣传思想战线必须担负起的一个战略任务。"[①]党的二十大报告指出,意识形态工作是为国家立心、为民族立魂的工作,我们要坚持马克思主义在意识形态领域指导地位的根本制度。习近平总书记关于建设具有强大凝聚力和引领力的社会主义意识形态的重要论述,深刻回答了建设什么样的社会主义意识形态、怎样建设社会主义意识形态等重大理论和实践问题。做好高校宣传思想文化工作,首先要准确把握建设具有强大凝聚力和引领力的社会主义意识形态这一战略任务。

建设具有强大凝聚力和引领力的社会主义意识形态,要在以下三个方面下功夫。一是在用党的创新理论武装头脑、指导实践、推动工作方面下功夫。要坚持马克思主义在意识形态领域的指导地位,以学习贯彻习近平新时代中国特色社会主义思想为主线,坚持社会主义办学方向。大部分理工类院校不同程度存在马克思主义理论学科建设相对薄弱的问题,面向新时代,必须加强和改进理论学习、理论宣讲、理论研究等工作,结合教师、学生、干部的不同特点,完善组织学习党的创新理论工作机制,尤其是要强化理工科大学生的主体地位,引领学生用"青言青语"宣讲党的创新理论,提升理论学习的针对性和有效性。比如,西北工业大学(简称"西工大")修订校院两级党委理论学习中心组学习规则,以主题教育为契机,制定关于进一步提升校、院党委理论学习中心组学习成效的办法,以集体学习研讨为主要形式提升学习成效,同时先后成立教职工宣讲团、工大青年宣讲团、马院思政课教师理论宣讲团、"五老"宣讲团等,相关做法被央视《新闻联播》报道。常态化开展党的二十大精神宣讲,使

---

① 习近平:《论党的宣传思想工作》,中央文献出版社2020年版,第340页。

师生进一步深刻领悟"两个确立"的决定性意义,增强"四个意识"、坚定"四个自信"、做到"两个维护"。二是在用好思政课这个主渠道方面下功夫。要准确把握学生关注的现实问题和社会热点内容,促进教学内容与国情、社情、校情紧密结合,创新教学模式。西工大深入贯彻落实中办、国办和教育部等上级部门要求,制定学校思政课改革创新任务分解台账、学校全面推进"大思政课"建设的工作方案,遴选和建设"大思政课"试点学院,积极拓展校内外思政教育资源,利用"5G+"技术将红色资源和专家学者引入课堂,持续推进"百名总师讲校友思政课",西工大"科普中国"共建基地入选全国首批"大思政课"实践教学基地。三是在落实意识形态工作责任制上下功夫。当前社会思想观念日益多元多样,高校意识形态工作内外部环境发生了深刻变化。要深入落实意识形态工作责任制,明晰高校各级党组织主体责任,加强工作监督和综合分析研判,深入各基层党委开展政策宣讲和调研,督导推动严格执行各项管理制度,构筑抵御各种错误思想和言论的防线,守牢意识形态工作阵地。

二、坚持立德树人是新时代高校宣传思想文化工作的根本任务

习近平总书记在2016年全国高校思想政治工作会议上指出:"高校立身之本在于立德树人。只有培养出一流人才的高校,才能够成为世界一流大学。"①在2018年全国宣传思想工作会议上,习近平总书记强调:"宣传思想工作是做人的工作的,要把培养担当民族复兴大任的时代新人作为重要职责。"②党的二十大报告指出,用社会主义核心价值观铸魂育人,完善思想政治工作体系。高

---

① 《习近平谈治国理政》第二卷,外文出版社2017年版,第377页。
② 习近平:《论党的宣传思想工作》,中央文献出版社2020年版,第340页。

校必须坚持正确政治方向,紧紧围绕立德树人根本任务,培养德智体美劳全面发展的社会主义事业建设者和接班人。

高校宣传思想工作部门有别于其他社会机构的职责使命就在于"立德树人",《中国共产党宣传工作条例》明确指出宣传工作要担当举旗帜、聚民心、育新人、兴文化、展形象的使命任务,这五项使命任务在高校的最终体现就是立德树人的成效。立德树人的关键在于用习近平新时代中国特色社会主义思想铸魂育人,高校要不断健全工作机制,充分发挥宣传、思政、文化工作的育人功能。一是要推动构建"大宣传、大思政、大文化"融合发展工作机制。西工大全面贯彻落实党中央和上级部门要求,认真梳理高校宣传、思政、文化等工作任务,制定了《中国共产党西北工业大学委员会宣传工作实施细则》,要求学校宣传、思政、文化各项工作要以学习贯彻习近平新时代中国特色社会主义思想为主线相互融合,以落实立德树人根本任务为基点构建"三大"融合发展格局,培养德智体美劳全面发展、具有家国情怀、追求卓越、引领未来的时代新人。二是积极构建思政工作体系。西工大充分发挥思想政治工作生命线、传家宝和人才培养、价值塑造作用,深化"三全育人"综合改革,自2018年以来,每年评选"三全育人"先进集体和"十育人"先进个人,出台"思政工作40条",制定校院两级党委及领导班子成员思政工作任务清单、二级单位思政工作考核要点,不断完善思政工作任务体系、内容体系、表彰体系、调研监督体系和考核评价体系,举办新时代思想政治工作前沿学术论坛,加强思政工作理论研究与实践探索。三是实施"文化铸魂"工程。发挥文化在立德树人和提升学校软实力中的作用,深入挖掘和研究学校的办学理念、校训校风、人才培养的"西工大现象""总师育人文化"等,在全校开展"总师育人文化"大讨论,积极创作反映学校历史、讲述师生故事、庆祝中国共产党成立100周年、弘扬延安精神等的文化精品。比如,学校打造了深受师生喜爱的西工大风格主题雕塑群等校园文化景观,原创扶贫主题音乐剧《融水谣》入选陕西省庆祝中国共产党成立100周年百场舞台艺术精品展演参演作品和教育部2023年度高校原创文化精品推广行动计划。

三、坚持融合创新发展是新时代高校宣传思想文化工作的根本动力

2016年习近平总书记在党的新闻舆论工作座谈会上指出:"党的新闻舆论工作必须创新理念、内容、体裁、形式、方法、手段、业态、体制、机制,增强针对性和实效性。要适应分众化、差异化传播趋势,加快构建舆论引导新格局。要推动融合发展,主动借助新媒体传播优势。"①党的二十大报告指出,加强全媒体传播体系建设,塑造主流舆论新格局。进入新时代,高校宣传思想工作形势发生了根本性变化,必须积极转变理念和方法,以主动融合创新作为事业发展的根本动力,奋力开创宣传思想文化工作新局面。

在融合方面,一是将宣传思想文化工作融入学校中心工作。要融入人才培养全过程,以价值塑造为引领促进人才培养高质量发展。融入高校"双一流"建设进程,紧跟学校党委的决策部署,围绕中心、服务大局,团结师生、鼓舞士气,宣传先进典型,为建设中国特色世界一流大学凝聚强大精神力量。二是形成各单位协同配合的工作机制。要突出宣传思想工作是一项系统工作,强化全局意识和整体思维,变单个部门运作为全员协同参与,充分调动师生员工参与宣传思想文化工作的积极性,共同构筑学校师生团结奋斗的思想基础。比如西工大推行宣传思想工作部门领导干部联系基层党委制度,从宣传、思政、文化、意识形态工作等方面为基层

---

① 《中国共产党宣传工作简史》下卷,人民出版社2022年版,第586页。

提供精准服务,建立健全日常指导和定期交流相结合的工作机制,同时通过发布媒体平台管理办法,将学院、机关部门六级领导确定为媒体平台负责人,参与学校宣传思想工作。三是建立融媒体工作机制。媒体融合的核心和关键是建立工作机制,推进融媒体平台建设,打通各个链条,做到生产、资源、业务和媒体融合,通过建立校级新媒体矩阵,做到统一备案、统一管理、统一发声,提升宣传策划、内容生产和全媒体管理能力。

在创新方面,学校依托教育部高校思想政治工作创新发展中心、陕西省政党治理与意识形态安全研究基地、陕西广播电视媒体融合发展创新中心等平台,加强宣传思想文化工作协同创新。一是在宣传策划选题方面加强创新。围绕庆祝中国共产党成立100周年、"十四五"规划开局、学习宣传贯彻党的二十大精神等,积极做好重大选题宣传策划,不断提高新闻舆论传播力、引导力、影响力、公信力。在人民网发布的2020年度中国高校社会影响力排行榜中,学校新媒体影响力位居全国高校第7位,2023年学校官方微信获评《中国青年报》"中国大学官微十强",学校官方微博连续3年获评"最具影响力校园官微",2023年西工大师生热议全国两会精神有关新闻3天内2次登上央视《新闻联播》。二是在思政工作的有效性和针对性方面进行创新。要有的放矢开展思想政治工作,不断创新思政教育的内容、形式和方法,比如西工大邀请各行业先进模范、名师大家和杰出校友等为师生上思政大课,推进校友思政课建设,邀请ARJ21飞机总设计师陈勇、C919基本型总设计师韩克岑、空警200飞机总设计师欧阳绍修等50余位校友总师回到母校为师生讲授思政课。同时充分发挥学校科研优势,选树科研育人示范团队和科研育人改革试点学院,总结凝练科研育人的西工大特色。三是在文化建设工作机制上进行创新。推进文化建设"十四五"规划落实落地,统筹推进"十个一"文化建设工作任务,推进"一院一品"学院文化建设,统筹推进校内特色文化活动,大力支持和培育校园原创文化作品,常态化开展全国文明校园创建工作。

四、建设高素质宣传思想工作队伍是新时代宣传思想文化工作的支撑和保障

2016年习近平总书记在会见中国记协第九届理事会全体代表和中国新闻奖、长江韬奋奖获奖者代表时提出了"四向四做"的要求,即坚持正确政治方向,做政治坚定的新闻工作者;坚持正确舆论导向,做引领时代的新闻工作者;坚持正确新闻志向,做业务精湛的新闻工作者;坚持正确工作取向,做作风优良的新闻工作者[①]。习近平总书记在2018年全国宣传思想工作会议上强调,"宣传思想干部要不断掌握新知识、熟悉新领域、开拓新视野,增强本领能力,加强调查研究,不断增强脚力、眼力、脑力、笔力,努力打造一支政治过硬、本领高强、求实创新、能打胜仗的宣传思想工作队伍"[②]。

党的宣传思想工作是政治性、政策性很强的工作,只有保持清醒的政治头脑,牢固树立马克思主义新闻观,才能在围绕中心、服务大局中不错位、不缺位。高校宣传思想工作者掌握着各类传播资源和渠道,只有在思想上解决好"为了谁、依靠谁、我是谁"这个根本问题,才能担当使命、不负重托。宣传思想工作者要始终保持思想的敏锐性,完善知识结构,善用现代传播手段,更好地履行职责使命。纸上得来终觉浅,把实践和基层当做最好的课堂,把师生的心声和故事挖掘出来,才能不断推出有思想、有温度、有品质的作品。

---

① 参见习近平:《论党的宣传思想工作》,中央文献出版社2020年版,第255页。
② 《中国共产党宣传工作简史》下卷,人民出版社2022年版,第668页。

高校建设高素质宣传思想工作队伍，一方面是打造全媒型、专家型专职宣传队伍。要提升脑力，建立常态化学习机制，把学习党的创新理论成果和宣传思想工作实际紧密结合；要提升脚力，多深入基层进行政策宣讲和工作调研，了解师生的所思所想所盼所需；要提升眼力，善于围绕重点、捕捉亮点、突出特点，加强选题策划和议题设置；要提升笔力，坚持在创新话语体系上着力，努力把理论讲透彻、把思想讲鲜活、把实践讲生动，打造高校宣传思想工作的精品。另一方面是构建人人参与、乐于参与的全员宣传队伍。要通过加强高校融媒体机制建设，打破传统宣传工作参与人员少、资源少的局限性，使学生、教职工、通讯员、媒体从业人员、校友、家长等群体都成为学校宣传思想内容的生产者、参与者、消费者，达到人人参与、乐于参与、大范围影响、全民提升的宣传效果。

做好新时代高校宣传工作之我见

倪松涛

（江南大学党委常委、副校长）

党的十八大以来，以习近平同志为核心的党中央把宣传思想文化工作摆在全局工作的重要位置，作出一系列重大决策，实施一系列重大举措。习近平总书记亲自主持召开一系列重要会议，发表一系列重要讲话，提出一系列新思想新观点新论断，深刻回答了宣传思想文化工作方向性、全局性、战略性重大问题。这些都标志着我们党对宣传思想文化工作的规律性认识和把握提升到了一个新的境界，也对如何加强和改进新时代高校宣传思想文化工作提供了根本遵循、指明了前进方向。

一、做好高校宣传思想文化工作的新形势

新时代新征程，世界百年未有之大变局加速演进，中华民族伟大复兴进入关键期，战略机遇和风险挑战并存，宣传思想文化工作面临新形势新任务。同时，"全媒体不断发展，出现了全程媒体、全息媒体、全员媒体、全效媒体，信息无处不在、无所不及、无人不用，导致舆论生态、媒体格局、传播方式发生深刻变化"①，高校作为宣传思想文化工作的前沿阵地，面临着"融合"时代的严峻挑战。

一是思想文化交流交融。当今，面对世界范围内思想文化相

---

① 习近平：《论党的宣传思想工作》，中央文献出版社2020年版，第354页。

互激荡、我国社会思想观念深刻变化的新趋势,各种思想文化在高校校园中交流交融交锋频繁,通过各种传播途径渗透进高校的各种思潮、真假难辨的信息纷至沓来,形势复杂、斗争尖锐已成为一种新常态。

二是利益矛盾交织交融。各种社会问题,包括教育、就业、反腐、环保、阶层流动、财富分配、经济发展等无一不投射入高校校园中。同时高校宣传思想文化工作还面临着个性化的问题,教与学、教学与科研、国家事业与个人发展,甚至生活条件、后勤安全等各方面的问题都需要应对。

三是资讯媒介交汇交融。当今资讯高度发达,师生媒体意识突显。社会化媒体时代,各种媒介融合趋势在校园中尤其明显,对高校舆论场的影响更深、范围更广,高校舆论场所体现的复杂性超过了过往任何时代。

四是工作内容交错交融。高校宣传思想文化工作涉及思想理论建设、哲学社会科学学科建设、师德师风建设、意识形态阵地管理、网络建设与管理、精神文明与校园文化建设等诸多方面,涉及学校十几个部门,单靠宣传部门已根本不可能胜任。

二、加强高校宣传思想文化工作的新理念

党的二十大报告指出,要围绕举旗帜、聚民心、育新人、兴文化、展形象建设社会主义文化强国,明确了全面建设社会主义现代化国家进程中宣传思想文化工作的使命任务。新时代对做好高校宣传思想工作提供了新的契机、提出了新的挑战,高校应主动适应新形势,坚定文化自信,秉持开放包容,坚持守正创新,进一步树牢加强高校宣传思想文化工作的新理念。

一要坚守党的领导的政治原则。宣传思想文化工作事关党的前途命运,事关国家长治久安,事关民族凝聚力和向心力,是一项

极端重要的工作。坚持党对宣传思想文化工作的全面领导,就是要始终坚持党管宣传、党管意识形态、党管媒体原则,在政治方向、舆论导向、价值取向上坚定立场。要以党的政治建设为统领,牢固树立"四个意识",坚决维护党中央权威和集中统一领导,牢牢把握正确政治方向[1],聚焦用党的创新理论武装教育师生、指导教育实践这个首要政治任务,提高政治判断力、政治领悟力、政治执行力,旗帜鲜明坚持真理,立场坚定批驳谬误,压实压紧高校各级党组织的政治责任,强化政治担当,勇于改革创新,敢于善于斗争,开创新时代高校宣传思想文化工作新局面。

二要坚持以人民为中心的工作导向。在新闻舆论工作中坚持以人民为中心的工作导向,就是坚持人民性,就是要把实现好、维护好、发展好最广大人民的根本利益作为出发点和落脚点,坚持以民为本、以人为本。习近平总书记在2018年召开的全国宣传思想工作会议上指出,"宣传思想工作是做人的工作的,要把培养担当民族复兴大任的时代新人作为重要职责"[2]。进入新时代,宣传思想文化工作承载更多的倾听人民呼声,抒发人民心声的职责使命。做好高校宣传思想文化工作,就是要深入基层,扎根师生,将党的方针政策落实到师生的学习工作生活之中,主动答疑解惑,既解决实际问题又解决思想问题,做到党性和人民性的统一。

三要增强舆论引导的工作能力。习近平总书记强调,要深刻认识全媒体时代的挑战和机遇,宣传思想工作要因势而谋、应势而动、顺势而为,加快推动媒体融合发展[3]。党的二十大报告指出,要加强全媒体传播体系建设,塑造主流舆论新格局。高校要根据当前社交媒体快速发展、信息传播环境急剧变化的趋势,特别是新

---

[1] 习近平:《论党的宣传思想工作》,中央文献出版社2020年版,第342页。
[2] 习近平:《论党的宣传思想工作》,中央文献出版社2020年版,第340页。
[3] 参见习近平:《论党的宣传思想工作》,中央文献出版社2020年版,第354页。

技术实现的信息交互方式更新、大模型带来的话语体系变革、大数据引发的表达方式变化,加快传统媒体和新兴媒体融合发展,充分运用新技术新应用实现平台化传播战略,创新媒体传播方式,构建畅通传播渠道,直面热点和回应问题,在与师生的积极沟通和良性互动中更好引导舆论、凝心铸魂,着力提升新闻舆论传播力、引导力、影响力、公信力。

四要把握文化自信的根本基点。文化是一个国家和民族的灵魂,党的二十大明确了建设社会主义文化强国的战略目标。推进中国式现代化,文化是重要内容;推动高质量发展,文化是重要支点;满足人民对美好生活的向往,文化是重要因素;战胜风险挑战,文化是重要力量源泉。高校作为文化传承创新的重要阵地,要注重文化在实现立德树人任务中的根本性作用,以赓续文脉的坚定文化自信、明体达用的高度文化自觉,强化人文化成,弘扬新风正气,倡导崇德向善,坚持文化滋养、成风化人。要主动适应媒体融合发展的要求,加强优秀网络文化产品的生产传播,培育积极向上的网络审美情趣、促进健康网络文化繁荣发展。

三、做好高校宣传思想文化工作的新路径

在新时代媒体融合发展的大环境下,高校宣传思想文化工作应坚持以党的二十大精神为指引,深入贯彻习近平文化思想,紧跟时代步伐,主动树立新理念、探索新路径,实现内容、平台、形式、渠道等各方面的重新定位与整合,不断增强高校师生的道路自信、理论自信、制度自信、文化自信。

一是融入主旋律。随着时代的发展,高校宣传思想文化工作的内涵和外延不断丰富和拓展,既肩负着对师生进行理论武装、思想引领的责任,又承担着宣传学校改革、建设、发展成就的使命,也履行着大学文化凝练、传承、创新的职责,三者共生共融,密不

可分。

理论是文化的内核。加强和改进高校宣传思想工作,要坚持理论武装与思想引领,把增强党员师生的理想信念作为工作的着力点。要全面强化政治理论学习、思想政治教育和意识形态工作,并将其融入宣传思想文化工作的全过程。要改变宣传思想文化工作政治功能、教育功能相对淡化、窄化的现象,把理论学习作为当前加强和规范基层党组织生活的重要抓手,把理论学习与形势政策教育紧密结合,使之成为为师生答疑解惑的重要途径。要加强校园主流媒体的思想性和引领性,引导师生多看主流、不受支流支配,多看阳光面、不受阴暗点影响,多看本质、不受表象迷惑,在大是大非面前敢于举旗,在交流交融中敢于交锋、敢于亮剑。要围绕中心工作,加强新闻宣传专题策划,加大对发展成效等进行正面宣传的力度,使发展的硬实力成为我们宣传思想工作最大的软实力。要加强典型宣传,用我们身边的榜样,感染引导师生构筑美好精神家园。要把文化建设作为思想引领工作的基点,通过文化传播、文化塑造、文化熏陶做好宣传思想工作。

二是融入"微时代"。当今时代,社会化媒体、移动媒体高度发达,已进入传播"微时代"。"微时代"是以微信、微博、微视频等为主要传播媒介,以新型便捷的移动终端为传播载体,以实时、互动、平台化的扁平式传播为主要特征的新传播时代。高校宣传思想文化工作要着眼于新的形势,自觉创新内容、形式和载体,融入"微时代",增强传播力。

新媒体、自媒体、社会化媒体的诞生和迭代发展,使我们进入了一个由互联网带来的社会变革期。做好当前高校宣传思想文化工作,在宣传内容上,要改变居高临下、刻板说教等现象,加强对微故事、微人物的挖掘宣传,以微见大、见微知著,提升宣传的效率、效能和效益。在宣传形式上,要突出情感共鸣,通过嵌入细节、激发兴趣、融入情感,使小故事达到凝聚人心的大功效,增强宣传的贴近性和感染力。在宣传载体上,要主动占据新媒体阵地,加强微新闻、微访谈、微课堂、微视频等新媒体资源建设。在传播机制上,要加强传播平台联动,实现校园网、微博、微信、校报校刊等平台的融合联动、立体宣传,拓展宣传思想文化工作的广度和深度。

三是融入大格局。汇聚大队伍,构建大宣传的工作格局,形成相互融合的工作机制,是新时代做好高校宣传思想文化工作的必然要求。要切实加强党对高校宣传思想文化工作的领导,构建高校宣传思想文化工作大格局。

做好宣传思想文化工作是加强党对高校全面领导的重要责任和重要抓手,要通过机制创新,改变宣传思想文化工作中单兵作战或各自为战的旧格局,统筹科学理论教育、大学生思想政治教育、师德师风建设、文化建设等,形成相互融合、协同推进的大宣传格局。学校宣传部门作为党委意识形态工作、思想政治工作的主管部门,要以守土有责、守土负责、守土尽责的理念,承担起自己应有的职能,在党委领导下,通过统筹协调、服务支撑,畅通工作板块、工作部门、传播途径之间互通互联的渠道,推动工作的整体提升;要完善宣传思想的链式工作机制,按照整体策划、协同采编、立体宣传的工作机制,创新工作体系,形成新闻宣传工作的合力,实现宣传思想文化工作流程再造;要把一切具备传播功能和媒介属性的载体和平台都作为传播渠道并纳入管理体系,积极推动传统校园媒体与新媒体融合发展,革新传播模式,构造传播矩阵;要协同校内外的力量和资源,使各种创新创业动力、商业资本、外媒平台等为我所用,构建起新时代高校宣传思想文化工作的大格局。

当前工作内容融合、工作手段融合、工作体系融合的时代,对高校宣传思想文化工作提出了新挑战。我们要深入学习贯彻习近平文化思想,坚守新时代宣传思想文化工作必须遵循的"纲"

和"魂",深刻把握新时代高校宣传思想文化工作环境、对象、内容、渠道、方式等的变化,不断深化对工作规律的认识,积极谋划和运用破解难题的新理念、新路径、新举措,不断提高在主阵地唱响主旋律、在主战场掌握主动权的能力和本领,以融合的理念、融合的体系、融合的平台,使高校宣传思想文化工作体现时代性、把握规律性、富于创造性、提升有效性。

新征程高校学生理论宣讲团建设刍议

成进

(西安交通大学党委常委、宣传部部长)

党的二十大为新时代新征程党和国家事业发展、实现第二个百年奋斗目标指明了前进方向、提供了行动指南。党的二十大报告对全党抓好青年工作给予鲜明强调、提出明确要求,特别是对青年一代给予热情鼓励、殷切厚望,充分体现了党对青年和青年工作的高度重视,为广大青年永远跟党走、奋进新征程注入了强大动力,为坚持为党育人提供了根本遵循。在高校学习宣传贯彻党的二十大精神过程中,有一支不容忽视、具有强大潜能的队伍,即高校学生理论宣讲团。高校学生宣讲党的二十大精神,对自身而言就是主动接受精神洗礼的过程,有助于增强学生宣讲者自身的学习动力,不断提升宣讲者自身理论素养和实践能力;同时,学生宣讲党的二十大精神,有助于促进宣讲内容和方法的创新,激发高校大学生学习党的创新理论兴趣,助力高校乃至社会学习贯彻习近平新时代中国特色社会主义思想主题教育的开展。

一、组织建设体系

高校学生理论宣讲团作为政治性、理论性很强的社团,作为理论宣讲的"轻骑兵",作为思政课建设的重要助推器,要充分发挥宣讲的育人实效性,通过宣讲实践推动学校理论宣传工作实现创新性发展。必须高度重视社团内部的组织建设,从党建引领、人员构成、部门设置、作用发挥、保障机制和校院联动等方面统筹协调,抓好"四梁八柱"的建设,夯基铸魂、固本培元,有力支撑宣讲团朝着更高层次发展,扬理论宣讲之声,立思想文化之魂,铸时代奋斗之力。

从党建引领上来讲,要突出党的领导,把党支部建在社团上,成立贯通本硕博、打通各学科的临时党支部,党员不转党组织关系,定期召开组织生活会,达到党建、宣传与学生成长各层次的互动多赢,打造出一座"爱国奋斗跟党走"的基层战斗堡垒。从人员构成上来讲,广纳英才而用之,覆盖本硕博全层次和文理工商医等全学科,吸收理论清醒、政治坚定的宣讲人,吸引退伍学生士兵、研究生支教团成员等更多优秀的人参与,讲好青年故事,发出青年声音。从部门设置上来讲,按照"一切有利于宣讲工作开展"的原则,合理规划、统筹布局,既保证正常工作的运转,又实现育人育己的双向提升。从作用发挥上来讲,高校学生理论宣讲团应当在高校党委宣传部的指导下,突出意识形态属性,找准在全校宣讲体系中的定位,适应新时代思政工作需要,发挥最靠近青年的先天优势,切忌"高大上"的理论,多用"短平快"的语言,贴近青年群体,契合青年特点,把准青年脉搏。从保障机制上来讲,高校学生理论宣讲团要建立健全相应的奖惩措施,该奖则奖,该退出的要退出,用机制管人、约束人,充分发挥制度的强大威力,形成比学赶超、争当先进的浓厚氛围。从校院联动上来讲,要加大二级单位组建学生理论宣讲分团的力度,推动宣讲向纵深发展、向基层延展,深化青年学生对理论的认知与学习。"校—院"两级宣讲团应加强沟通、强化联动,相互补位、共同发声,资源共享、彼此配合,有力推动宣讲工作的开展。

二、理论学习体系

高校学生理论宣讲团在思想政治教育开展的过程中,既是思想政治教育的主体也是思想政治教育的客体,因此决定了高校学生理论宣讲团培训体系的丰富性。

首先,高校学生理论宣讲团需要构建全面的理论学习培训体系。高校学生理论宣讲团承担的主要工作是通过"传递—接受"实现说理教育,必须坚持以马克思主义中国化时代化最新成果——习近平新时代中国特色社会主义思想为指导。必须在学懂弄通做实上下功夫,深刻领悟习近平新时代中国特色社会主义思想的精髓,把握好其蕴涵的世界观和方法论,系统掌握贯穿其中的马克思主义立场观点方法,做到真学真懂真信真用,推动党的创新理论入脑入心。因此,高校学生理论宣讲团必须具备扎实的理论功底,而理论学习培训体系建设是夯实扎实理论功底的重中之重。在理论学习培训体系构建过程中,一方面应当积极开展专题培训,通过研修班、集训营等形式促进宣讲团成员理论学习效果的提升,聘请资深专家作为培训老师,规范"选拔人员—参与培训—审核选题—集体备课—组织试讲—开展宣讲—等级评定"流程,形成完整严密的学习培训流程,形成融合理论知识、密切联系受众的宣讲特色,使得宣讲人在培训准备过程中牢牢掌握理论、精神的宝贵内核,彰显新时代、新青年的鲜明特色。另一方面,应当积极发放党的二十大精神学习教育书籍,定期开展读书分享会,加强宣讲团成员在备课过程中的自我教育,强化理论储备,推进宣讲团成员对党的创新理论、党史等形成深度认识。其次,高校学生理论宣讲团需要构建有效的理论宣讲培训体系。宣讲团成员结合专业特长与自身经历选定题目,通过师生互动、小组研讨等集体备课形式打通宣讲的"选题难关""提纲难关""文稿难关",通过组织安排试讲活动打通宣讲的"表达难关""讲台难关",将精品宣讲课程打造落到实处,将提升宣讲团整体实力落到实处。最后,高校学生理论宣讲团需要构建理论实践相统一的培训体系。传统的理论与实践相统一通常以重溯红色故地的形式开展,大规模群体参观难以确保实践学习效果,容易使培训活动流于形式,因而需要对传统的培训方式进行改良和创新。应当将"访""学""讲"深度融合,将每一次的寻访当成教育,将每一次实践学习成果转化为宣讲素材,实现"走一路、学一路、讲一路"。

三、课程建设体系

2023年是全面贯彻党的二十大精神的开局之年,深入学习宣传贯彻党的二十大精神,是当前和今后一个时期的首要政治任务。高校学生理论宣讲团要提高政治站位,以强烈的政治责任感和历史使命感,扎实做好面向高校青年学生的党的二十大精神宣讲工作。

习近平新时代中国特色社会主义思想是新时代中国共产党的思想旗帜,是当代中国马克思主义、二十一世纪马克思主义。高校学生理论宣讲团要讲清楚中国共产党推进马克思主义中国化形成的重大理论成果,特别是习近平新时代中国特色社会主义思想,引导广大青年学生从党的非凡历程中领会马克思主义是如何深刻改变中国、改变世界的,感悟马克思主义的真理力量和实践力量,坚持不懈用党的创新理论最新成果武装头脑、指导实践、推动工作。作为宣讲者首先要解决的是对理论的政治认同、思想认同、情感认同问题,打通走进理论学习的通道,坚定地站在党和人民的立场上,深深地热爱党、热爱党的事业、热爱党的领袖,由衷地赞同党的基本理论、基本路线、基本方略,激发理论学习的强大内生动力,做到真学真懂真信真用。在深刻领悟"两个确立"的决定性意义和中国式现代化的时代航向基础上,深挖"红色根脉",系统阐释中国共产党为什么能、马克思主义为什么行、中国特色社会主义为什么好的深刻道理。在深入开展调查研究的前提下,深化新时代标识,发挥高校所在地的区位优势,挖掘用好相关党史资源,形成青年群体想得起、记得牢的"宣讲味"。在宣讲的过程中,鼓励宣讲者做到"顶天立地"。一方面,鼓励宣讲者结合自身经历,生动形象、深入浅出地进行党的二十大精神的宣讲,既要把抽象讲具体,也要把具体讲深刻,拉近与受众的距离,使得理论通俗易懂。另一方面,鼓励宣讲者既能上得了三尺讲台,也能下得了田间地头,努力扩大宣讲受众范围。在组织过程中,要严格选拔人员,反复打磨宣讲提纲,锻造一支拉得出、打得赢的宣讲队伍。在宣讲后,进行成果凝练,把在宣讲过程中得到的有效经验、宝贵做法总结升华到理论层面,产出一批可推广、能复制、有实效的宣讲成果。

四、阵地建设体系

高校学生理论宣讲团阵地体系建设应当遵循多层次、宽领域、多渠道的原则,以扩大宣讲辐射范围,更好发挥新征程大学生在学习宣传贯彻党的二十大精神中的积极作用。

遵循多层次、宽领域原则进行阵地体系建设,应当重视校院班三级联动、校校联动、校地联动以共享宣讲资源,提升宣讲团宣讲水平,扩大党的二十大精神的影响。校院班三级联动是校内宣讲的重要体系,借助班级、党团支部及学生活动等渠道,通过"菜单式服务"和"订单式配送",为全校师生精准供给党的二十大精神宣讲服务,促进党的二十大精神学习活动在全校范围内广泛开展。所谓"菜单式服务"指的就是将培训课程按照课程设计体系制作成宣讲课单,所谓"订单式配送"就是根据活动预约按需提供宣讲服务,提升党的二十大精神学习内容的"有效供给"。校校联动是高校学生宣讲交流提升的重要阵地,表现为各高校依托地域优势和资源优势联结成高校学生理论宣讲联盟,通过资源共享、优势互补、相互合作,打造一支高水平的理论宣讲团队。对团队内部而言,有利于个人理论宣讲水平的提升,为团队发展提供更多资源;对于社会而言,有助于扩大辐射面,推动深入学习宣传贯彻党的二十大精神。校地联动是校外宣讲的主要阵地,通过与当地中小学、部队、纪念馆等单位进行合作,推动高校理论宣讲真正走出校园、走向社会,切实发挥大学服务社会的功能。

遵循多渠道原则进行阵地体系建设,应当把握好线上、线下两个发展主渠道,探索多样化的宣讲渠道建设。线下宣讲的最大优势是宣讲人与宣讲受众处于同一场域,能够使两方真实地接触和沟通,能够最直接地感受彼此之间的状态,从而最大程度地发挥情感的感染作用,在理论宣讲的过程中传递信仰与情怀,同时提升宣讲学生的实践能力。线上宣讲依托微博、微信、抖音等平台,既可以打破时间、空间的界限以扩大宣讲受众范围,又可以实现宣讲手段、方式的创新。在构建理论宣讲线上阵地时,不应一味追求线上宣讲丰富多彩的形式,而忽略了宣讲内容;同时在构建宣讲阵地渠道时,要注重传统的线下模式和线上模式的结合,不应追求新潮抛弃线下宣讲模式,只有把线上线下宣讲紧密结合,才能保障理论宣讲具有引领力、吸引力、渗透力、影响力。

高校学生理论宣讲团作为高校思想政治教育开展的重要力量,能够促进大学生自我教育,发挥朋辈优势推进高校思想政治教育工作,更好发挥大学服务社会的功能。基于高校学生宣讲团对思想政治教育工作的重要作用,在学习宣传贯彻党的二十大精神背景下更应当加强高校学生理论宣讲团的建设。高校学生理论宣讲团的建设并不意味着仅仅建立一个学生兴趣社团或者增加一个学生组织,而是需要以组织体系建设为基础,以理论学习为提升宣讲质量的保障,以课程建设为宣讲精准供给的突破口,以阵地建设拓宽宣讲的辐射范围,做到宣讲人行、宣讲课精、影响力大。从全国范围看,高校学生理论宣讲团大部分还处于百草权舆的状态,具有巨大的发展空间,在学习宣传贯彻党的二十大精神背景下,建设、发展高校学生理论宣讲团对于高校而言,既是机遇,更是重大责任。

新闻舆论篇

坚持"七个着力" 构建高校宣传工作大格局

徐进功

(厦门大学党委副书记)

宣传思想文化工作是党的一项极端重要的工作。习近平总书记对宣传思想文化工作明确提出"七个着力"的重大要求,即着力加强党对宣传思想文化工作的领导,着力建设具有强大凝聚力和引领力的社会主义意识形态,着力培育和践行社会主义核心价值观,着力提升新闻舆论传播力引导力影响力公信力,着力赓续中华文脉、推动中华优秀传统文化创造性转化和创新性发展,着力推动文化事业和文化产业繁荣发展,着力加强国际传播能力建设、促进文明交流互鉴。"七个着力"既是认识论又是方法论,既有宏观层面的整体指导,又有具体层面的实践路径,充分彰显了习近平文化思想明体达用、体用贯通的鲜明特点,为今后一个时期的宣传思想文化工作指明了前进方向、提供了科学指南。

一、深刻把握"七个着力"的辩证关系

当前世界百年未有之大变局加速演进,中华民族伟大复兴进入关键时期。越是关键时期,越需要思想引领、力量汇聚。"七个着力"着眼于强国建设、民族复兴战略全局,根本目的在于巩固全党全国各族人民团结奋斗的共同思想基础,蕴含着丰富的唯物辩证法思想。

深刻把握主导与主动的辩证关系。习近平总书记指出:"要加

强党对宣传思想工作的全面领导,旗帜鲜明坚持党管宣传、党管意识形态。"[①]"七个着力"中摆在首位的,就是要"着力加强党对宣传思想文化工作的领导",其以管总、管全局、管根本的主体要求与政治保障贯穿于"七个着力"的宣传思想文化实践全过程。新时代加强和改进宣传思想文化工作,坚持党的全面领导是根本,获得广大人民群众的认同是基础。坚持党性和人民性相统一,既坚持正确政治方向、舆论导向,坚持党管媒体原则,站稳政治立场,又把实现好、维护好、发展好最广大人民的根本利益作为出发点和落脚点。坚持弘扬主旋律与注重多样性统一,既发挥主旋律积极导向作用,又注重多角度、多方式呈现多样性。坚持全党动手和全员参与相统一,既需主责部门承担使命、履职尽责,又要调动广大人民群众的积极性、主动性、创造性,把宣传思想文化工作同各领域工作更加紧密结合,形成全员参与的生动局面。

深刻把握内容与形式的辩证关系。宣传思想文化工作本质是思想输送,而内容则是思想的载体。宣传思想文化工作要把围绕中心、服务大局作为基本职责,坚持"内容为王",以内容建设为重心,胸怀大局、把握大势、着眼大事。形式要为内容服务,手段方法也都是为内容服务的。始终坚定弘扬主旋律的内容定位,巩固壮大主流思想舆论。始终坚定弘扬主流价值的内容立场,坚持培育践行社会主义核心价值观。把培育和弘扬社会主义核心价值观作为凝魂聚气、强基固本的基础工程,作为一项根本任务,切实抓紧抓好。内容和形式的矛盾贯穿于事物发展始终,随着内容的发展,原本能适应并促进内容发展的形式逐渐成为桎梏,需要与时俱进地创新形式来促进内容发展。主动适应宣传思想文化工作新形势,在新的传播形态下,抢先机、开新局、出新招,以权威、优质内容

---

① 《中国共产党宣传工作简史》下卷,人民出版社2022年版,第668页。

传播和彰显主流价值,向广大受众提供深度、权威、专业的思想引领。

深刻把握守正与创新的辩证关系。宣传思想文化工作的生命力在于把准时代脉搏,在于不断改革创新。守正才能不迷失方向、不犯颠覆性错误,创新才能把握时代、引领时代。宣传思想文化工作要把握好总结经验和改革创新的关系,既要认真总结、长期坚持党的宣传思想工作成功经验,又要抓好理念创新、手段创新和基层工作创新。坚持从习近平文化思想中找方向思路,切实增强文化自信,强化开放包容的格局胸怀,不断提升守正创新的本领能力。直面新挑战、解决新问题,以技术创新赋能内容创新、形式创新、传播创新。以打造大平台积极推动大融合,通过加快构建全媒体传播体系实现"大宣传"格局,着力巩固党的宣传思想工作主阵地。大力加强思想文化建设,用好主渠道、主阵地、主课堂,始终用强大正向的"精神磁场"吸引党员群众。积极开展思想舆论斗争,加强对西方所谓"普世价值"、西方宪政民主和新自由主义、历史虚无主义等错误思潮的揭露和批判。

二、把握高校宣传思想文化工作的新形势新使命

高校宣传思想文化工作面临的变化更加复杂。信息庞杂,增加了高校宣传思想文化工作难度。新媒体带来海量数据信息的同时,也加速了不良内容传播。涉世未深、缺乏社会经验且鉴别能力与分析能力不强的学生,容易受到各类颠覆主流价值观信息的不良影响,在一定程度上增加了高校宣传思想工作的压力。在信息技术的驱动下,具有及时更新、开放性、虚拟性、匿名性等特征的网络媒体成为学生学习、发表言论的空间场所。在这一空间场所中,任何一条信息、一件事情都容易被无限放大,尤其是校园群体事件、突发事件或者不当言论,更容易被高速率、高时效地传播出去。

若处理不当或管理不到位,则容易发酵成重大舆情事件,造成舆情危机,这在无形之中增加了高校舆情研判和监督管理难度。随着信息技术的更新迭代,新媒体的发展也不断呈现新的态势,学生也会相应地不断更新获取信息的方式、传播信息的渠道、表达情感的平台等,这就对高校宣传思想文化工作提出了更高要求。

构建高校宣传思想话语体系的需求更加迫切。当前国内国际"两个大局"交织,意识形态的开放性、多样性、交融性等特征日益明显。近年来,微信、直播、短视频等不同形式的媒介在高校师生中被广泛运用,新媒体在满足师生获取新闻信息、表达诉求、生活娱乐需求的同时,也给师生提供了更多披露信息和发表意见的现实条件,一定程度上打破了高校宣传部门作为话语主体的一元地位。自媒体去中心化的属性,使得校园成为多种价值观和文化交锋的重要场所,越来越复杂的校园网络舆论场使得主流价值传播效果受限,迫切需要构建适应新时代要求的话语体系,塑造高校主流舆论格局,守护好意识形态的主阵地。高校宣传思想话语体系是党的创新理论传播和思想政治工作的载体,在传播主流意识形态、塑造对外形象、表达价值立场、有效传递信息等方面发挥着关键作用。高校作为社会思想的引领力量,理应在话语体系建设,尤其是在探索宣传思想话语规律、话语渠道、话语形式等方面,做出表率。

高校宣传思想文化与思政育人工作需要更加融合。宣传思想文化工作和思政育人工作目前一定程度还存在相互独立、相互割裂的问题,这不仅影响高校思政育人价值与作用的发挥,同时也制约了高校宣传思想文化工作的高效开展。青年学生既是宣传思想文化工作的主体,又是思政育人的客体。高校宣传思想文化工作紧紧围绕立德树人根本任务,始终以实现青年学生的全面发展、成长成才为目的。在宣传思想工作中,切忌灌输式宣传、被动式宣传。在实践活动、实践项目设计的过程中,要充分发挥广大青年学生的主观能动性,尊重其主体性,发挥其主人翁精神,引导他们正确认识当前社会的热点时事,让广大青年学生在参与中提升获得感,在实践中厚植理想信念。把握宣传思想文化工作实践性的特点,改变传统的空洞的说教,充分发挥思政课教育的主阵地作用,结合当代大学生学习特点和成长规律,探索思政课实践体系,丰富实践育人的内容与形式,引导广大青年学生在实践中受到教育、增长才干。

三、激发活力,开创宣传工作新局面

在把握党的领导这一根本保证中增强系统性。加强党对宣传思想文化工作的全面领导,才能为担负起新的文化使命提供坚强政治保证。高校宣传思想文化工作是一项系统工程,必须树立系统思维,既要不断提高协同合作能力,也要提升整体谋划设计。树立系统观念,运用辩证思维,实现重点突破,带动整体工作。要坚持抓细、抓小、抓实,从大处着眼、小处着手,通过具有典型意义的小事例、小角度揭示和折射社会生活,做到"小切口反映大主题"。近年来,厦门大学坚持把宣传工作端口前移,突出主题主线,加强整体策划,使工作推进与宣传策划的流程融合起来,不断完善现有工作体系,实现从"被动"向"主动"、从"碎片"向"系统"的转变。学校聚焦教学科研一线,挖掘师生身边的先进典型故事,整合相关优势学科力量和原有宣传资源,在"一带一路"和"海洋科普"宣传方面形成鲜明特色。

在把握立德树人这一根本任务中增强价值性。把握时代发展的潮流和改革开放的趋势来推进宣传思想工作,善于找到时代主流,回应时代声音;坚持贴近师生、贴近校园实际,从关乎根本、关乎紧要、关乎师生切身利益的事情来开展宣传思想文化工作。用

师生喜闻乐见的形式宣传好党的方针政策、讲好学校故事,不断增强广大师生员工的精神获得感,不断增强全校师生的凝聚力和战斗力。坚持正面宣传为主,聚焦中国精神、中国价值、中国力量,把习近平新时代中国特色社会主义思想阐释好宣传好,把党中央重大决策部署和工作成效阐释好宣传好,把广大师生员工在新时代的新风貌阐释好宣传好。厦门大学深入挖掘历史文化资源及其承载的育人功能,充分激发基层组织和师生员工的文化创新创造活力,形成一批反映学校师生共同价值追求的文化精品。深挖"四种精神"的丰富内涵,以"四种精神"代表人物为原型精心打磨形成了原创话剧《哥德巴赫猜想》《遥望海天月》《长汀往事》、诗文诵读会《嘉庚颂》、音乐舞蹈史诗《南强颂》等校园文化精品,成为校史校情教育的重要载体,在继承和发展优秀文化中增强文化自觉,并不断汲取经验智慧、萃取思想精华、赓续文化基因。坚持文化浸润育人,注重内涵发展、突出价值塑造,将顶层设计与教育实践相结合,将显性教育与隐性教育融合,用先进的思想文化为学生成长成才注入动能。

在把握体制机制这一重要因素中增强科学性。好的载体是推进工作的有效抓手,要积极探索建立符合宣传思想文化工作规律和特点的活动载体,不断创新完善载体内容和形式。明确工作的实施步骤和推进措施,规范工作流程,细化量化各项指标,及时总结经验,巩固扩大阶段性成果。近年来,厦门大学注重融合促进、提升效能,积极整合宣传资源,围绕"推动理念创新、手段创新、基层工作创新",积极探索推动媒体融合发展的实施路径。以现有校园媒体平台、新闻传播技术实验室等为载体平台,统筹校内媒体资源,着力构建立体多样、深度相融的传播体系,使传统媒体焕发新活力、新兴媒体得到大发展,促进整体联动。充分发挥师生主体作用,搭建校、院、班三级宣传工作队伍,初步形成跨学科跨部门合作模式,不断激发队伍活力,使学校工作推进与宣传策划的流程融合起来,围绕新媒体管理、宣传载体管理、新闻发布、舆情应对等方面形成系列制度规范,统一策划、协同发布、各具特色的大宣传矩阵已具规模。

高校跨文化传播的理念与路径

胡昊

(上海交通大学党委常委、宣传部部长)

随着综合国力的不断提升,我国对于国家形象的重视也上升到了一个前所未有的新高度。党的二十大报告明确指出,要增强中华文明传播力影响力。坚守中华文化立场,提炼展示中华文明的精神标识和文化精髓,加快构建中国话语和中国叙事体系,讲好中国故事、传播好中国声音,展现可信、可爱、可敬的中国形象。2023年10月,习近平总书记对宣传思想文化工作作出重要指示,强调要"着力加强国际传播能力建设、促进文明交流互鉴,充分激发全民族文化创新创造活力"[1]。

"跨文化传播"作为中国国家形象塑造的重要突破口,近年来一直被广泛提及。高校在提炼展示中华文明的精神标识和文化精髓方面,有着不可替代的作用。

一、跨文化传播下的国家形象塑造

(一)国家形象的概念界定

国家形象是国家外部公众和内部公众对国家本身、国家行为、国家各项活动及其构成给予的总的评价和认定,是国家力量和民族精神的表现和象征,是综合国力的集中表现,是一个国家最重要的无形资产。[2] 它代表着国家的"软实力"。

不同地区的民众对于同一国家的评价和认知存在着差异,同

---

[1] 《习近平对宣传思想文化工作作出重要指示》,新华网,2023年10月8日。
[2] 管文虎主编《国家形象论》,电子科技大学出版社1999年版,第23页。

样,一国外部公众和内部公众对于国家形象的认知也存在着一定差异。这种差异通常被称为"自我形象"和"他者形象"的错位。产生这种"错位"的原因错综复杂,文化差异、利益争端、区域隔阂等都是原因之一。而想要消除"错位"、跨越"鸿沟",需要找寻一个具有"文化亲和性"的连接点,通过跨文化传播来实现。因此,有学者认为,在全球化大背景下,国家形象的建构与塑造就是一种综合了政治、经济、文化等多方面因素的具有国际性、统合性的跨文化传播活动。①

(二)跨文化传播在中国国家形象塑造方面的困境

虽然中国国家形象的跨文化传播方兴未艾,但是仍然存在一些实际的困境,主要表现在以下几方面:

一是我国意识形态话语权存在着明显的"话语逆差"。② 正如习近平总书记所指出的,"我国综合国力和国际地位不断提升,国际社会对我国的关注前所未有,但中国在世界上的形象很大程度上仍是'他塑'而非'自塑',我们在国际上有时还处于有理说不出、说了传不开的境地,存在着信息流进流出的'逆差'"③。如,对于同一事件的新闻报道,东西方主流媒体的报道角度和话语表达很可能存在着差异化的引导倾向,这与东西方媒体所在的意识形态环境和不同的政治立场有关。

二是跨文化传播的内容深度不足、传播方式滞后。中华传统文化包罗万象、源远流长,但当前在国际上广泛传播的中华文化大都集中在饮食、民俗、历史等方面。而随着时代的发展,中国发生

---

① 徐明华:《国际传播的理论、方法与展望》,华中科技大学出版社2019年版,第2页。
② 赵丽涛:《我国意识形态话语权的"话语逆差"挑战与自主话语权建构》,《思想教育研究》2023年第8期。
③ 《习近平新时代中国特色社会主义思想专题摘编》,中央文献出版社2023年版,第330页。

了翻天覆地的变化,一些跨文化传播产品只停留在对于民俗或饮食的表层体验和推介阶段,对于当代中国人内心的情感状态及人们对中华文化的全新理解与感受捕捉不足,难以引起深层次的共鸣。与此同时,随着社交媒体的崛起,资讯传播不仅仅依赖于某一类主流媒体传播渠道,人人都是传播主体,而我们对于海外社交媒体等新型媒体的使用相对保守,还是更多依赖传统媒体。

三是分众传播意识不强,"眉毛胡子一把抓"。当前,1995年至2010年出生的"Z世代"群体已成为新时代国际传播的重要受众群体;①同时,作为数字媒介时代传播的主体力量,他们也深刻影响着社会发展和国际格局变迁。跨文化传播的受众群体存在着明显的分众化趋势。当前我们对于跨文化传播的研究和实践,存在"眉毛胡子一把抓"的情况,较少根据受众群体的不同特征及其对信息的需求实施差异化传播,因此在跨文化传播中存在群体画像模糊、受众传播主动性不高的问题。

二、高校在中国国家形象塑造方面的优势

不同于经济和军事等"硬实力",高校作为"软实力"的重要代表,在进行跨文化传播、塑造国家形象方面,具有天然的优势。

一是意识形态标识不明显,贴合传播对象的共情需求。任何国家形象的塑造,都打着意识形态的标签,但为了让大多数传播受众接受己方的价值取向,需要进行意识形态的"透明化"处理。如日本动漫、美国大片,表面上是人人可共享的饕餮文化盛宴,本质上却在文化产品中进行了本国意识形态的深度植入。与高校有关的教育、文化、科研等主题具有共性规律,是世界所共同关注的,在人类命运共同体的框架下,在引发受众共情方面有显著的优势,利

---

① 李厚锐:《面向"Z世代"的精准化国际传播》,《上海交通大学学报(哲学社会科学版)》2023年第9期。

于达到直抵人心的目的。

二是承担文化传承功能,能够有效代表国家"软实力"。文化和人才是一国重要的"软实力"。世界一流大学如哈佛大学、牛津大学等享誉全球,吸引了各国慕名而来的学子,成为国际顶尖人才的汇聚高地,也代表着相关国家强大的科技、文化影响力。而我国从实施"211工程""985工程"到"建设世界一流大学和一流学科",也一直都在尝试通过先进文化传播和创新人才培养,提升国家"软实力",进而为全面建成社会主义现代化强国提供有力支撑。因此,作为承担着文化教育功能的高校,提升其世界影响力,对国家"软实力"的提升和国家形象的塑造,有着重要的意义。

三是受众特征较为显著,利于跨文化传播入脑入心。从长期来看,更加多元化、更具包容性的"Z世代"将以独有的代际世界观和数字化生存逻辑带来国际传播格局的系统性变化。[1]"Z世代"不仅仅是被动接收信息的"传播受众",同时也是主动输出信息的"传播主体"。可以说,抓住了"Z世代",将为跨文化传播提供更多国际话语可能。高校是"Z世代"的重要汇聚地,跨文化传播的受众特征十分显著:在这里,新兴多元思想交互碰撞,中外青年在高等学府共同学习、融合创新,传播内容通过新时代国际青年的人文交流和民心相通,更有利于跨越地域和政治的藩篱,从而推动中华文化走向世界。

三、上海交通大学的探索与实践

随着VR/AR、5G、元宇宙等新兴数字技术的兴起,跨文化传播进入了数字时代。在新兴数字媒介终端的持续催化下,中国高校应当如何赋能国家形象塑造?本文以上海交通大学为例,从"顶层

---

[1] 王润珏、张若溪:《"Z世代"与国际传播格局的新动向》,《对外传播》2022年第11期。

设计""内容为王""全媒思维""全员参与"四个维度对高校的跨文化传播进行探讨。

(一)顶层设计:构筑精神标识鲜明的高校全球IP形象

IP(Intellectual Property),英文直译为"知识产权",但通常与"形象识别"关系更为紧密。如今,IP已经成为一种"软实力"的代表,而精神标识鲜明的高校IP已成为数字时代世界一流大学不同于普通高校的重要标志。① 作为中国高校,也应充分提炼具有本校特色的、特征鲜明的精神标识,通过构筑具有全球影响力的高校IP形象,推动中国国家形象的建构与塑造。

上海交通大学2023年推出IP SJTU全球形象识别系统,该系统由学校的核心价值理念、文化育人资源、科技创新实力、全球传播体系等构成,对内提炼交大特色的精神标识,形成交大国际传播媒介资源库,凝聚跨文化传播合力;对外构筑多层次、多主体、多模态的全球叙事体系。IP SJTU以数字化内容众创、优秀国传项目孵化、相关领域专家入驻、国际传播人才培养为主要结合点,通过创新传播推动上海交通大学全球形象塑造及声誉提升,进而承担起向全球推介中华文化的历史使命。

(二)内容为王:跨文化叙事助推中华文化"出海"

好的中国故事应含有被国外受众广泛认同的情感需求与价值理念。② 2022年2月至6月,在"科技冬奥"理念的引领下,上海交通大学借助奥运IP,依托自主研发的冬奥会机器人等成果进行中华优秀传统文化推广和传播,使"上海名片"在全球传播中"突围"。

---

① 麻省理工学院持续打造的"影响力驱动型"研究大学形象、斯坦福大学设定的"开环大学"形象等深入人心。

② 赵磊编著《强者通心:国际传播能力建设》,国家行政学院出版社2022年版,第87页。

在故事讲述过程中,注重"跨文化共情"和"跨学科交叉",通过普通人的视角、熟悉又有趣的运动场景,展示机器人滑雪、掷冰壶的"呆萌"样态,激发了海内外网友的"认知共情"。[①] 同时,在具有中国特色的科技、文化故事讲述中,着力展现"Z世代"上海青年形象和上海科技之城的创新探索精神,凸显了交大科技背后强大的中国力量。上海交通大学"科技冬奥"宣传得到了海内外的广泛关注,全网传播声量1.63亿次,话题阅读量6 222.84万次;得到海内外主流媒体报道5 200余次,在海外社交媒体收获2.2万余次点赞;冬奥会组委会、科技冬奥领导小组致感谢信,上海市委外宣办予以表扬。

(三)全媒思维:优化媒介生态推动传播渠道转型升级

媒体融合大趋势催生了教育融媒体建设。随着媒体融合越来越深入,以高校融媒体为代表的各类教育融媒体构成了整个媒介生态系统中的一个"微生态"子系统,它由媒介生态系统孕育产生,与社会大环境有着频繁的物质交换,有着自身的发展特性和生长规律。在"人人都有麦克风"的自媒体时代,高校也应当不断优化媒介生态,积极拥抱媒体融合带来的良好机遇,推动传播渠道转型升级。

2022年,上海交通大学初步完成融媒体中心建设,形成融媒体策划指挥中心、发展研究中心、视觉创意中心的系统布局。学校汇集优质资源,重点打造以中英文官网、"双微"、短视频、主流媒体政务号、海外社交媒体为代表的"视频+"融媒体阵地品牌,形成了"上海交通大学全球传播融媒体矩阵",通过全方位覆盖发声,打造创新矩阵、移动聚合和海外传播平台,形成全球传播集群态势。另外,学校积极拓展"全媒+"主流媒体国际融合传播渠道,同

[①] 江倩倩、宋建勇:《宏大叙事下高校"黑科技"的海外精准传播研究——以上海交通大学"冬奥会机器人"宣传为例》,《新媒体研究》2022年第18期。

新华社、《中国日报》、中国国际电视台等主流外宣媒体进行深度合作,提升跨文化、跨区域、多层级的传播能力。

(四)全员参与:培养"讲好中国故事"的跨文化传播人才

一切媒介作为人的延伸,都能提供转换事物的新视野和新知觉。[①] 最早以前,信息的传递是从"人"到"人"。报刊、电视等大众媒介作为人的进一步"延伸",使得"人—媒介—人"的传播方式成为主流。进入数字时代,受众既是接收主体、又是传播主体,媒介与人在相关尺度上发生了融合,促使传播方式不断迭代,升级到"媒介人—媒介人"的形式。与此同时,实证研究发现,媒介的接触频率固然会影响受众对中国的认知和评价,但人际接触更能够有效改善中外大学生对于中国国家形象的认知,其积极作用甚至大于互联网等拟态环境。[②] 鼓励海外学子来华留学,培养"知华友华"的传播人才是其中的关键点。

为了培养能够"讲好中国故事、传播好中国声音"的优秀人才,上海交通大学积极探索建立以"知华友华"的国情教育为基点,以跨学科、跨文化、产学研跨界融合等的"多元融合"为手段,以"传播中国"为目标,系统建构具有中国特色的、本硕博贯通的、国际新媒体传播的融合教育新模式,为"讲好中国故事"人才培养战略开辟创新途径,鼓励中外学生通过亲身体验和现场观察,以第一人称视角客观真实地讲述"我眼中的中国"。

四、结语

当前我们正处在世界百年未有之大变局之中,跨文化传播面

[①] 〔加〕马歇尔·麦克卢汉:《理解媒介——论人的延伸》,何道宽译,译林出版社2011年版,第20页。

[②] 徐明华、周创:《大学生与中国国家形象建构——基于中外大学生对华态度的实证研究》,《今传媒》2014年第2期。

临着全新的机遇和挑战。在建设世界一流大学的进程中,中国高校应当紧抓机遇,不断提升自身跨文化传播能力,通过讲好中国高校故事,让海外民众了解到一个真实、全面、立体的中国,为跨越我国的"自塑形象"与海外的"他塑形象"之间的鸿沟贡献力量。

以一流新闻宣传引领服务一流大学建设

赵竹村

（中国农业大学党委常委、宣传部部长）

新时代高校新闻宣传，是新时代党的新闻事业和宣传思想文化工作的重要组成部分。坚持守正创新，做好学校新闻宣传工作，事关举旗帜、聚民心、育新人、兴文化、展形象的重大使命任务，事关教学、科研、社会服务、文化传承创新、国际交流与合作等重要工作的开展。当前，中国农业大学事业发展面临新形势、新任务，迫切要求新闻宣传工作不断强起来，更好地宣传党的理论和路线方针政策，更好地记录高校"双一流"建设的时代风云，更好地向世界讲述广大师生全面建设中国特色、农业特色世界一流大学的故事，更好地揭示各个学科专业致力于立德树人、强农兴农的鲜活经验及规律，更好地弘扬"奋进新征程、建功新时代"的人物事迹精神。只有始终坚持马克思主义新闻观，正确把握学校新闻宣传工作规律，下功夫提高质量与水平，才能担负起为师生写新闻、为学校做宣传，引领导向、凝心聚力的新闻宣传职责使命。

通过采访、写作、报道，努力推出一篇篇好新闻，是新闻工作者孜孜不倦的追求。一流新闻宣传，基本功在于写出新闻之"新"，写出新时代之"新"，让人听到踔厉奋发的"惊雷"，使读者从中感受到"奋进新征程、建功新时代"的新闻震撼与激励。从新媒体条件下新闻宣传工作的规律来讲，尤其要注重时度效。在具体新闻宣传工作中，我们学校新闻宣传系统探索新模式，倡导"编辑+链接（多媒体）+

推送+评论"一体化,对于重大主题新闻宣传不断加强新闻评论,三分写七分评,注重应用新技术,打造VR新闻、互动新闻;加强新综合,创新校院系新闻纵览,探索新闻周报、工作回顾综述等;打造新视线,聚焦干事创业,讲述教育故事,展现农大生活,让新闻更精彩;开发新供给,设置师生广告信息内容,宣传校友事迹故事,打造"十大新闻"等;打磨新图文,创新图片新闻、视频新闻,改革机关报道,展示美丽校园等;锤炼新标题,倡导新闻标题革命,善用短标题,求新意,更好反映新闻之"新";追求新文风,如开展"走近系主任"系列报道,把基层"跑遍、跑深、跑透",使新闻语言更接地气;建设新时代大学文化,以开展教职工群众文化、学生社团文化活动为基础,以打造二级学院楼宇文化环境、学科文化特色、学院文化品牌为重点,抓实强农报国精神文化内核凝练、校园文学艺术氛围营造、中华优秀传统农耕文化传承创新,擦亮赤诚红、厚土金、生命绿"三色"文化名片;发展新科普,以新闻宣传打造"科普农大",建设科普宣传专家委员会,以科普宣传服务老百姓;创造新阵地,坚持"书刊报网三微两号视馆窗"多位一体,打造融媒体、强矩阵、全传播体系,等等。

　　以一流新闻宣传服务一流大学建设,关键在于增强脚力、眼力、脑力、笔力,把宣传学校和服务师生统一起来,心怀"国之大者",生动记录为党育人、为国育才的时代风云,积极传播广大师生至诚报国、敢为人先、开拓创新、不屈不挠、艰苦奋斗、团结协作的精神风采。我们既要打磨好新闻,也要融通全媒体,不断增强新闻宣传软实力。

　　一是切实深入师生中间,到师生干事创业的一线去,让脚底板的泥土厚起来,努力做党和人民信赖的新闻宣传员。只有与广大师生和群众想在一起、干在一起,才能创作出贴近实际、贴近生活、贴近群众、让师生爱听爱看并产生共鸣的优秀新闻作品。无论何时,我们新闻宣传工作者仅仅泡在会议室里、待在办公楼里是不可能采编好故事、写出好新闻的。习近平总书记强调:"报道写得好不好,与新闻工作者能不能深入实际,深入采访很有关系。"①"基层跑遍、跑深、跑透了,我们的本领就会大起来。"②为了不断增强脚力,我们在学校新闻宣传工作中,研究提出"走近系主任"的宣传报道任务,也就是在做好日常宣传报道的基础上,进一步深入各学院和相关机构的近百个基层业务实体,更好贴近师生,加强和改进新闻宣传工作。当然,"走近系主任"宣传报道的任务非常艰巨,不可能一蹴而就。我们以此作为历练脚力的一个工作抓手,把学校新闻宣传工作力量动员和组织起来,在深入师生方面下功夫,不断取得实效。

二是切实紧跟党中央决策部署,宣传师生们贯彻落实的自觉行动,淬炼新闻报道的"火眼金睛",努力做对标对表的"望远镜""显微镜"。新时代,实现中华民族伟大复兴进入了不可逆转的历史进程,高等教育事业发展同国家发展的现实目标和未来方向紧密联系在一起,广大师生与祖国共进、与时代同行,前所未有地挺起精神脊梁,高校在波澜壮阔的历史进程中担负起为党育人、为国育才的时代重任。我们学校新闻宣传工作者,就是要用自己独特的"新闻眼",将一流大学建设的时代风云、广大师生砥砺奋进的时代风采一览无余,尽收眼底,讲好故事,绘就画卷。为不断增强新闻宣传的眼力,我们深入学习贯彻习近平新时代中国特色社会主义思想和习近平总书记《论党的宣传思想工作》,积极倡导新闻宣传干部多岗位锻炼和政治历练,其中依托宣传部理论宣传科、思想教育科和文化建设科等组建新闻三室,更加及时地报道学校党的建设和思想政治工作情况,推出一批正面宣传的重大新闻报道,

---

① 习近平:《摆脱贫困》,福建人民出版社1992年版,第67页。
② 《习近平新闻舆论思想要论》,新华出版社2017年版,第102页。

发挥了引领和鼓劲作用。

三是切实聚焦聚力学校"双一流"建设,多维度反映师生们志在一流的追求,融办学思考于新闻报道,努力为事业发展提供智慧。从某种意义上说,学校"双一流"建设过程承载着知识分子的学术追求,浸透着师生艰辛探索的滴滴汗水,蕴含着推动创新发展的宝贵智慧,毫无疑问是新闻宣传的"富矿"。学校新闻报道植根于学科建设、人才培养、科技创新和文化传承创新等,理应有更深入的思考,有条件推出更多好新闻,打造新闻宣传的精品。习近平总书记强调:"要善于思考,深入发掘好材料的内涵,梳理和阐发好材料中蕴含的隽永的精神和深刻的道理,运用丰富的新闻语言、形式、方法、技巧创作出精品力作来。"①为了增强脑力,打造新闻智库,我们集成新闻宣传力量组建"双一流"建设新闻中心,密切联系相关学科专业团队,共同谋划深度新闻报道。其中,李德发院士多次接受采访,并对学校新闻报道内容的启发性、引领性和鲜明性给予指导。实践证明,新闻宣传越是反映师生智慧,师生们就越是爱听爱看。

四是切实改进新闻报道的文风,多用师生群众喜闻乐见的接地气的语言,把好故事好经验写成好新闻,努力把新闻宣传做到师生心坎上。习近平总书记高度重视改进文风,改进新闻报道,率先垂范"讲短话",强调"群众的思想最鲜活、语言最生动。深入群众,你就来到了智慧的大课堂、语言的大课堂,我们的文件、讲话、文章就可以有的放矢,体现群众意愿,让群众愿意看、看得懂、愿意听、听得进"②。特别是,对于新形势下党的宣传思想工作,习近平总书记强调,"要加强传播手段和话语方式创新,让党的创新理论

---

① 《习近平在视察解放军报社时强调 坚持军报姓党坚持强军为本坚持创新为要 为实现中国梦强军梦提供思想舆论支持》,《人民日报》2015年12月27日。

② 习近平:《努力克服不良文风 积极倡导优良文风》,《求是》2010年第10期。

'飞入寻常百姓家'"①。为了增强新闻宣传工作者的笔力,我们坚持不懈强化新闻业务学习培训,把"笔杆子"作为硬本领,在宣传部(新闻中心)内探索建立多个新闻功能业务室,注重多抓新闻,不尚空谈,营造积极写新闻、练稿子、比文风的良好氛围。近年来,学校新闻宣传的质量和水平不断提升,一批新闻报道见人见事见精神,不少师生在新闻报道中见到了自己奋战的影子,有的流下热泪。

当前,我们已经踏上了实现第二个百年奋斗目标新的征程,一流大学建设迎来了前所未有的历史机遇,发展科技第一生产力、培养人才第一资源、增强创新第一动力的使命任务更加艰巨。一流新闻宣传是一流大学建设的内在要求,一流大学建设也必将成就一流新闻宣传工作。要牢牢坚持党性原则,牢牢坚持马克思主义新闻观,牢牢坚持正确舆论导向,牢牢坚持正面宣传为主,做到以一流新闻宣传服务一流大学建设。锤炼和增强脚力、眼力、脑力、笔力,最终目的就是打造一流新闻宣传工作,真正实现以新闻舆论宣传高举旗帜、引领导向,围绕中心、服务大局,团结人民、鼓舞士气,成风化人、凝心聚力,澄清谬误、明辨是非,联接中外、沟通世界的职责和使命。我们的新闻宣传工作要始终同师生想在一起、干在一起,让广大师生群众爱听爱看,凝聚起建设一流大学的磅礴力量。

---

① 习近平:《论党的宣传思想工作》,中央文献出版社2020年版,第340页。

全媒体时代高校融媒体建设的思考与策略

唐金楠

(北京大学新闻与传播学院党委书记、原校党委宣传部副部长)

习近平总书记指出,推动媒体融合发展、建设全媒体成为我们面临的一项紧迫课题,我们要运用信息革命成果,加快构建融为一体、合而为一的全媒体传播格局①。

党的二十大报告指出,要加强全媒体传播体系建设,塑造主流舆论新格局,增强中华文明传播力影响力。坚守中华文化立场,提炼展示中华文明的精神标识和文化精髓,加快构建中国话语和中国叙事体系,讲好中国故事、传播好中国声音,展现可信、可爱、可敬的中国形象。

习近平总书记的一系列重要讲话和党的二十大的战略部署,为我们推进媒体融合发展提供了根本遵循。高校通过推动媒体融合助力新时代人才培养是一个全新的课题,要站在更高的视角理解全媒体时代的基本特征,更要结合高校落实立德树人根本任务的特殊要求不断探索实践。

一、全媒体时代的传播现状

互联网是事业发展的最大变量,也是高校立德树人的重要外部环境。习近平总书记指出,"过不了互联网这一关,就过不了长

---

① 参见习近平:《论党的宣传思想工作》,中央文献出版社 2020 年版,第 353—356 页。

期执政这一关"①。顺利"过关"的第一要务,是要从媒体格局演化的视野理清当前的新媒体生态和传播格局。

（一）新技术加速媒体形态演化

高速发展的信息技术,催生了各种新兴传播形态。借助快速发展的信息技术特别是移动通信技术,新传播形态发展势头迅猛,影响力不断扩大。传播生态发生着深刻的变化,传统媒体与新兴媒体间的界限越来越模糊,呈现出融合发展的样态。全程媒体、全息媒体、全员媒体、全效媒体,就是这一现象的精深写照。

1."回响"——社交矩阵的力量

"宣传思想工作是做人的工作的,人在哪儿重点就应该在哪儿"。② 根据中国互联网络信息中心2023年3月发布的第51次《中国互联网络发展状况统计报告》,截至2022年12月,中国网民规模达10.67亿,手机网民规模达10.65亿,网民使用手机上网的比例为99.8%。其中即时通信用户规模达10.38亿,占网民整体的97.2%③。做好融媒体时代的宣传思想工作,必须重视用户、重视社交。在新媒体环境下,媒体不仅要用优质的内容争取用户,使用户乐于通过社交网络、社交平台分享内容从而实现内容价值,还要让用户参与到内容生产的过程中来,让用户从传统意义上的"viewer"变成"user"乃至"reporter"。

2."云想"——技术互联万物

技术发展对媒介形态和未来媒体发展产生巨大影响,传播的发生场景不断拓展,从人与人之间发展至人与数据之间,进而延伸到数据与数据之间,"连接"成为当今社会的基本存在形式。5G时

---

① 习近平:《论党的宣传思想工作》,中央文献出版社2020年版,第183页。
② 《习近平关于全面深化改革论述摘编》,中央文献出版社2014年版,第83页。
③ 第51次《中国互联网络发展状况统计报告》,中国互联网络信息中心,2023年3月2日。

代的来临,不仅意味着更大的传输带宽,其低延时、广接入的属性也意味着全移动和全连接的实现①。媒体融合作为通信技术革命性迭代的产物,在进一步拓展传播边界上大有可为。

3."共享"——平台全景运营

随着传播技术不断迭代,互联网形态经历了 Web1.0 的单向传播,到 Web2.0 的互动传播,再向 Web3.0 的去中心化的复合传播转变的过程。网络媒体及其运行机制也由仅仅提供信息的聚合、发布的"发布级",发展至多由用户完成的新媒体内容生产+依靠用户与用户之间的交互扩散传播的"交互级",并在此基础上延展至内容传播介入用户的生活场景与并发式呈现的"平台级"。社交引领下的强交互时代,媒体的升级势不可挡,运营理念的更新不可或缺。

4."智创"——内容生产智能化

2022 年以来,随着 ChatGPT 等大模型平台的广泛应用,内容生产的方式正在面临颠覆性变革。媒体内容生产依靠个人创意和创造力的程度极大降低,掌握新技术、设置新议题、组织智能媒体协同创新成为智能时代媒体生产的主要任务。主动融入、把握新的发展趋势也是智能时代新媒体运营的重大课题。

(二)对外传播话语体系创新迫切性更加显著

党的十八大以来,习近平总书记在关于宣传思想工作的重要讲话中,把对外话语体系创新作为加强国际传播能力建设的关键性工作。这是中华民族伟大复兴征程中的重大挑战,也是"弯道超车"的重要机遇。我国在对外传播方面,近年来虽然成绩显著,但是与日益走近世界舞台中央的大国地位并不匹配,美西方国家还在利用历史上形成的话语权优势将中国污名化、妖魔化。习近平

---

① 参见李正茂、王晓云、张同须等:《5G+:5G 如何改变社会》,中信出版集团 2019 年版,第 18—25 页。

总书记指出,"落后就要挨打,贫穷就要挨饿,失语就要挨骂"①。解决"挨骂"问题,关键是要创新对外话语体系。

(三)高校宣传思想工作具有特殊使命

高校融媒体建设与落实立德树人根本任务紧密相关。高校是培养社会主义建设者和接班人的重要阵地,也是各种意识形态势力的角力场。以互联网为核心的新媒体环境所具有的开放性、交互性、全面性和隐蔽性等特点,对高校青年学生的成长造成了一定冲击。青年学生正处在世界观、人生观、价值观形成的关键时期,多元思想的交流与碰撞将对青年学生价值观念产生多层面的影响,高校宣传部门面临着新的挑战。

同时,高校在探索对外传播话语体系创新方面能够发挥特殊作用。高校承担着国际交往的重要职能,处在国际交往的前线,人员、思想交流频繁,话语更加平和,在推动构建对外话语体系、营造良好国际舆论氛围方面有着得天独厚的优势。将融媒体建设与探索对外话语体系创新有机融合,是高校宣传工作改革的应有之义。

二、高校融媒体建设的基本思路

(一)坚持正确方向

要坚持以习近平新时代中国特色社会主义思想为指引,落实立德树人根本任务,在高校唱响主旋律,有效服务学校改革发展各项事业。尤其要着重做好习近平新时代中国特色社会主义思想的学习、宣传、研究工作。阵地是意识形态工作的基本依托,高校党委要在融媒体平台建设中层层压实责任,严格把关,建立起坚实的防线。高校党委宣传部门要积极学习、提高融媒体技术应用能力,强化顶层设计,优化管理结构,同时协调全校其他部门和单位将意

---

① 习近平:《在全国党校工作会议上的讲话》,人民出版社2016年版,第20页。

识形态工作贯彻落实在各个工作环节和育人的全过程中,形成协同育人联动效应。

(二)强化生产运营

融媒体的核心竞争力不仅在于内容,更强调内容的运营能力。融媒体建设应提升内容运营水平,提升信息服务能力,打造现代传播能力,将"技术形式+内容融合+服务运营"综合运用到实践中,主动占领意识形态建设融媒体阵地,充分利用现有的官方微信、微博、短视频、海外社交媒体矩阵等媒体平台开展宣传教育活动,让官方平台成为学校政策动态更新的指向标与理论学习的重要窗口。要更新高校宣传思想工作的思路,不断历练并持续提升脚力、眼力、脑力、笔力,突破宣传工作固化模式,全面增强宣传工作业务能力与素质。

(三)形成传播矩阵

建立受众参与机制,综合利用新的内容载体、新的传播介质和新的传播形式,使用户也能够参与内容的生产。拓展外部渠道机制,统筹国内、海外渠道,整合微信、微博、今日头条、抖音、电视台、国际新媒体矩阵等多品类平台,全面提升新闻舆论的传播力、引导力、影响力、公信力,为构筑全员育人、全程育人、全方位育人的环境提供强有力的支撑。完善融媒体舆情管控机制,制定不同的应急方案,把握舆情事件解决的黄金时间,力求正确引导、合理解决。建立热点新闻发现机制,让媒体单位准确把握内容报道方向、报道节奏。

三、高校融媒体建设的问题与对策

(一)内容生产须进一步整合

生产优质内容仍然是融媒体建设最重要也是最基础的工作。近几年,高校各校园媒体虽已在融合发展方面做了大量工作,但从总体上看发展依然不平衡。将传统媒体与新兴媒体作简单嫁接，内容生产上仍然缺乏规划性，易造成资源浪费。融合发展关键在融为一体、合而为一。因此，各媒体应从"相加"阶段迈入"相融"阶段，从"你是你、我是我"变成"你中有我、我中有你"，进而变成"你就是我、我就是你"，打造新型融合媒体。

（二）媒体网络须进一步共享

应聚焦互联网主阵地，统筹内外宣两个阵地，进一步加强媒体网络资源的共享和统筹。用好国际传播平台，在互联网信息分发领域，结合学校现实需求，对主流权威媒体、海外媒体、传媒机构、商业平台等渠道进行统一资源整合，精准生产、精准投放，从而实现"优势互补"和传播资源的战略转移。

（三）传播矩阵须进一步扩展

单靠传统媒体力量，很难支撑起融媒体建设的需求。高校传统媒体涵盖报纸、电视、广播、新闻网、新媒体社交平台等多种形式，融媒体运营不仅关乎平台，功能定位也十分重要，应根据不同传播诉求匹配媒体类、品牌类、服务类等不同传播定位。根据不同定位，统筹相应资源，实现各种媒介资源、生产要素有效整合。同时，高校自主运营的如"人民号""澎湃号""强国号""北京号"等各类政务号，也应加强定位研究和运营策划，努力形成差异化的产品矩阵，充分利用好不同媒体的独特属性。

（四）技术赋能须进一步强化

"媒介即信息"意味着传播工具即传播力本身。近年来高校宣传和融媒体建设虽然已采用各类传播新技术与新形式进行了有效尝试，如视频直播、短视频等，但对于前沿传播技术的应用仍然较为有限。在迅速发展的移动传播技术以及与之高度匹配的大数据技术、人工智能技术带来的移动传播趋势面前，要坚持移动优先策略，让主流媒体借助移动传播，探索将人工智能运用在新闻采集、生产、分发、接收、反馈中,全面提高传播能力。

(五)传播主体须进一步多元

高校推进融媒体建设,在内容质量和主体数量上有着得天独厚的优势。绝大多数的院系、社团,甚至研究团队,都会在各种新媒体平台上开设自己的账号。同时,高校各类与新闻传播、宣传思想文化工作紧密相关的院系、研究机构,都拥有大量自媒体参与者。融媒体是"所有人对所有人的传播",而不是少数人对多数人的传播,应融合各种渠道,使传播主体更丰富。应善用校内各类宣传力量,统筹院系宣传资源,充分挖掘、激活各类传播力量,进一步提升宣传工作效率,拓展传播资源空间。

思想教育篇

以"四位一体"的思想政治工作落实立德树人根本任务

闫祖书

(西北农林科技大学党委副书记)

立德树人是高等教育的根本任务。党的二十大报告明确提出了"完善思想政治工作体系"的要求。学科体系、教学体系、教材体系、管理体系等多重体系共同构成了高校人才培养体系,而贯通其中发挥关键作用的是思想政治工作体系,因此,"完善思想政治工作体系"就成为新时代高校落实立德树人根本任务的重大战略部署,更是深化新时代高校思想政治工作改革创新的根本遵循。

一、建设高质量思想政治工作体系的逻辑起点

建设高质量思想政治工作体系是推动思想政治工作高质量发展的核心所在。高校要以习近平新时代中国特色社会主义思想为指导,聚焦立德树人根本任务,立足高素质人才培养需求,服务学生全面成长成才,建设人本化教育、动态化发展、协同化聚合的思想政治工作体系,推动思想政治教育工作高质量发展。

(一)坚持以生为本,回应学生成长成才新期待

习近平总书记强调,"思想政治工作从根本上说是做人的工作,必须围绕学生、关照学生、服务学生"[1]。提高学生思想水平、政治觉悟、道德品质和文化素养,让学生成为德才兼备、全面发展

---

[1] 《习近平谈治国理政》第二卷,外文出版社2017年版,第377页。

的人才,自觉肩负起中华民族伟大复兴的时代重任,是学生思想政治工作最本质的目标。建设高质量思想政治工作体系,要从辩证的角度重新审视新时代背景下青年学生拥有的发展环境、发展空间和发展机遇,着力解决好青年学生成长成才中情感与情怀、思想与思维、知识与见识的问题,引导学生立志做有理想、敢担当、能吃苦、肯奋斗的新时代好青年。

(二)坚持守正创新,激活思想政治工作新动能

思想政治工作既是我国高等教育的特色,又是办好我国高等教育的优势。坚持守正创新是思想政治工作与时俱进的品质要求,是对"培养什么人、怎样培养人、为谁培养人"这三个根本问题的高度清醒和自觉,要在遵循思想政治工作规律、教书育人规律、学生成长规律的基础上因事而化、因时而进、因势而新,要在历史视镜与时代视野、理论深化与实践推进、内容建设与方法创新相统一的前提下补齐短板和弱项,激活工作体系的内生动力和发展活力。

(三)坚持系统思维,打造协同创新育人新格局

高校思想政治工作体系建设是一项系统工程,需要深入挖掘校内外思想政治教育相关领域的要素和资源,同时,推动不同资源之间的相互赋能和不同要素之间的深度融合。"三全育人"格局和"十大育人"体系为构建高质量思想政治工作体系提供了落地见效的基本思路和方法指引。高校要以系统思维研究思想政治工作体系的形成机理、运行机制和实践规律,推动思想政治工作体系链上的资源配置、要素整合和结构优化,做好纵向贯通、横向融通、内外联通,形成协同效应。

二、建设高质量思想政治工作体系的实践创新

习近平总书记在给全国涉农高校书记校长和专家代表的回信

中指出,"新时代,农村是充满希望的田野,是干事创业的广阔舞台,我国高等农林教育大有可为"①。这为涉农高校学生思想政治工作提供了行动指南,同时,"如何以立德树人为根本,以强农兴农为己任,培养更多知农爱农新型人才"成为涉农高校思想政治工作的新命题。西北农林科技大学(以下简称"学校")将思想政治工作作为破解新命题的生命线,立足国家战略需求和办学治校实际,锚定立德树人根本任务,探索构建"四位一体"学生思想政治工作体系,为培养担当民族复兴重任的知农爱农卓越农林人才提供有力的思想政治保证。

(一)以培根铸魂为核心点,构建价值引领工作体系

思想政治教育的本质是核心价值观教育。学校把发挥社会主义核心价值观的引领和凝聚作用作为贯穿思想政治工作全过程的主线脉络,把用党的创新理论武装学生作为首要政治任务,教育引导广大青年学生自觉投身农业农村现代化建设,为推进乡村全面振兴作出新贡献。一是实施理论武装工程,打牢坚定理想信念的思想根基。创新理论学习方式与载体,在全国较早推行学生政治理论学习和集体活动制度,探索形成"4321"政治理论学习模式,即4种形式覆盖学,3个平台融合学,2支队伍带领学,1种机制保障学,推动政治理论学习固定化、常态化、长效化。二是深化党团建设工程,释放组织育人的最大增量。注重过程管理,制定《关于进一步加强学生党建工作的实施办法》《共青团推优入党工作实施办法(试行)》《学生优秀党员评选办法》等制度,优化共产党员的推优、评选、表彰工作。三是推进文化浸润工程,涵育"三农"情怀的使命担当。秉承"活动即教育、舞台即课堂"的理念,发挥每场活动的引领教育作用,聚焦农林水专业学科特点,开展"一院一

---

① 《习近平书信选集》第一卷,中央文献出版社2022年版,第240页。

品"活动,培育文化品牌,打造畅享园艺、科研成果进社区、酒标设计大赛等具有西农特色的精品校园文化活动,让学生在沉浸式体验中感悟"三农"情怀。

(二)以强基固本为着力点,完善素质提升工作体系

素质教育是我国高等教育改革的重要主题。德智体美劳构成了新时代素质教育体系的重要维度,是我国高校立足新发展阶段对育人工作提出的新要求。学校创新素质教育体制机制,积极探索推动"五育并举",把培养德智体美劳全面发展的社会主义建设者和接班人作为中心任务。一是创新素质教育教学体制机制。在全国率先成立大学生德智体美劳一体化教育工作委员会,加强对立德树人工作的全面领导。通过健全"五育并举"卓越农林人才培养制度体系,促进德智体美劳各要素的协同协作、同向同行、互联互通。同时,建立全国首个综合素质教育学院,全面构建德智体美劳五育课程体系,推动学生综合素质培养落地。二是探索构建特色实践育人模式。形成立足培养堪当民族复兴大任的卓越农林人才目标,将践行使命担当和厚植"三农"情怀相结合、专业教育与实践锻炼相结合,推动校内协同、校际协同、校企校地协同三条路径支持,推进社会实践项目化、品牌化、课程化、思政化,构建思想强农、人才支农、文化惠农、公益助农、科技赋农五大实践内容体系的"12345"大学生社会实践"西农模式",为乡村振兴贡献西农学子力量。三是深化综合素质评价体系改革。出台《本科生素质能力测评实施办法(试行)》等制度,将德智体美劳按照不同权重纳入评价体系,将评价结果运用到学生各类评奖评优活动,提高素质教育评价的科学化水平。制定《学生荣誉表彰管理办法》,每年举办荣誉校园学生表彰颁奖典礼,开展"荣誉校园表彰季"榜样事迹展播分享,发挥典礼育人作用和榜样引领作用。

(三)以补短蓄能为攻坚点,构筑帮扶纾困工作体系

精准把握服务学生成长成才过程中的点、线、面、体,提高思想政治工作的时效性和实效性。学校以精准帮扶、精准跟踪、精准管理为理念,分类分层分阶段破解思想政治工作的矛盾点,用心用情用力为学生解思想疙瘩、解实际难题。一是精准把握生涯发展需求。成立学业发展中心,开展校院两级学业帮扶,年均开展线上线下答疑8 000余小时,提升学生学业成绩。成立就业实训室,针对有求职、公考、升学等各类不同需求的学生分类实施精准帮扶举措,提升学生就业能力。二是精准把握心理成长需求。探索建立心理普查、心理咨询、心理危机识别与干预、心理测评管理一体化工作模式,针对不同的学生心理需求提供清单式咨询服务与跟进,细致做好个体心理咨询和服务。投入专项资金建设音乐放松功能室,面向全校学生分场次开展心理主题讲座培训,普及心理健康知识,提高学生心理健康水平。三是精准把握生活健康需求。健全"奖贷助补减勤代"多元资助体系,实现经济困难学生资助全覆盖。通过健康体检、医学讲座、集中体能训练等方式助力身体肥胖学生科学塑身强心,为顺利完成学业、毕业就业打下良好身心基础。有关经验做法被《人民日报》等媒体报道,话题参与人数逾2 000万。

(四)以队伍建设为关键点,夯实支撑保障工作体系

思想政治工作是做"人"的工作,更需要"人"来做,做得好不好,效果显不显,取决于思想政治工作队伍的育人能力强不强。培养更多的知农爱农卓越农林人才需要一支学习型、创新型、协同型的思想政治工作队伍。学校把打造高素质思想政治工作队伍作为支撑保障体系的基石,建强辅导员、班主任、社团指导教师和学生骨干四支队伍,让各个参与主体在"制度—实践—反馈—优化—实践"的闭环体系中不断提升立德树人的能力。一是推进辅导员队

伍职业化专家化。出台《进一步加强辅导员队伍建设的实施意见》,落实"双重身份、双线晋升";修订职称评审办法,突出工作实绩,破除"唯论文"评价导向;制定《专职辅导员选聘办法》《辅导员工作考核办法》《辅导员骨干"领航"培养计划实施方案》等文件,全方位促进辅导员的成长,提升育人能力。二是夯实班主任(导师)育人职责。制定《班主任工作条例》和《研究生指导教师岗位职责及管理办法》,进一步明晰班主任、研究生导师的育人职责,同时开展班主任各类培训,推动班主任能育人、会育人、善育人。三是激发社团指导教师育人动力。出台《社团指导教师管理办法(试行)》,按照严实选聘入口、夯实管理培训、抓实考核评价、落实经费保障的工作要求,推动社团建设方向有保障、建设有特色、活动有内涵、育人有实效。四是发挥学生骨干示范作用。严格学生干部选拔任用,制定《关于深化学生会(研究生会)改革的实施办法》和《学生会(研究生会)学生干部管理考核办法》,明确遴选条件和程序,推进学生组织转向政治引领型。以团校为平台,打造"鸿鹄计划""红鹰计划"等培训品牌,加大学生骨干培训培养力度,提升学生骨干服务学生的能力。

三、建设高质量思想政治工作体系的经验启示

高质量思想政治工作体系建设要从高校育人使命和办学特色出发,坚持问题导向、需求导向、效果导向,以创新思维和系统思维聚焦贯通衔接、突出场域融合、强化创新驱动,推动思想政治工作要素充分激活、资源充分利用、体系高效运转,持续发挥作用。

(一)聚焦贯通衔接,增强工作体系的机能

坚持以立德树人为中心,把思想政治工作的全链条和全过程贯通衔接起来,形成环环相扣、条块结合、纵横交错的体系结构,增强和优化工作体系机能,把思想政治工作的过程控制与质量控制

有机统一起来。推动教育教学活动与育才育德活动互促互融,真正把思想政治工作贯穿于教育教学、实践科研、就业创业等各环节各方面,做到"全过程"育人。

(二)突出场域融合,拓展工作体系的功能

全面统筹各领域、各环节和各方面的育人资源和要素,推动知识传授、能力培养与理想信念、价值理念的教育有机结合,健全系统化育人长效机制。发挥好课程、科研、实践、文化、网络、心理、管理、服务、资助、组织等方面的育人功能,构建组织空间、学科空间、社会空间与网络空间相结合的工作体系,统合育人要素,形成多场域育人新格局,实现"全方位"育人。

(三)强化创新驱动,提升工作体系的效能

遵循思想政治工作规律、教书育人规律和学生成长规律,坚持以学生为中心,把握学生思想特点和发展需求,优化内容供给,创新工作方法、载体和机制,激活思想政治工作内生动力。聚焦重点任务,关注重点群体,紧盯薄弱环节,坚持扬优补短,着力因材施教,破解思想政治工作领域存在的不平衡不充分问题,不断提升工作体系的整体效能。

积极探索边疆民族地区"三全育人"综合改革之路

李建宇

(云南艺术学院党委书记,云南大学原党委副书记)

围绕"培养什么人、怎样培养人、为谁培养人"这一根本问题,习近平总书记强调,"要坚持把立德树人作为中心环节,把思想政治工作贯穿教育教学全过程,实现全程育人、全方位育人"①。2019年云南大学入选全国"三全育人"综合改革试点高校,积极推进相关工作,取得明显成效。

一、"三全育人"综合改革的重要意义

(一)"三全育人"综合改革是思想政治工作改革创新的需要

当今世界正经历百年未有之大变局,我国正处在中华民族伟大复兴的关键时期,高校的内外环境、工作对象、思想阵地、工作平台等都发生了很大变化,与之相适应,思想政治工作正在从核心领域向外围领域拓展,从各司其职向多元并举发展,从专门人员向全员转变,从阶段性向全过程延伸,从部门化向全方位融合,因此我们要胸怀"两个大局",对思想政治工作的思路、理念、方式、方法作出相应调整和改变。"三全育人"综合改革正是立足国际国内形势变化,遵循思想政治工作规律,创新思想政治工作的重要举措。

---

① 习近平:《论党的宣传思想工作》,中央文献出版社2020年版,第275页。

(二)"三全育人"综合改革是社会主义大学的本质需要

习近平总书记多次强调,要坚持社会主义办学方向,坚持扎根中国大地办教育,培养德智体美劳全面发展的社会主义建设者和接班人。高校的育人工作要在坚定理想信念上下功夫,要在厚植爱国主义情怀上下功夫,要在加强品德修养上下功夫,要在增长知识见识上下功夫,要在培养奋斗精神上下功夫,要在增强综合素质上下功夫。因此,要把立德树人作为根本任务,融入思想道德教育、文化知识教育、社会实践教育各环节,把思想政治工作贯穿教育教学全过程,形成育人长效机制。"三全育人"综合改革正是贯彻落实党的教育方针,坚持立德树人根本任务,实现思想政治教育与知识体系教育结合与综合,培养担当民族复兴大任时代新人的重要举措。

(三)"三全育人"综合改革是"双一流"建设的需要

"双一流"建设是新时期党和国家建设高等教育强国的重大战略决策部署和战略工程。而人才培养则是"双一流"建设的中心工作,通过"双一流"建设,要着力培养具有历史使命感和社会责任心,富有创新精神和实践能力的各类创新型、应用型、复合型优秀人才。要大力推进个性化培养、综合化培养,全面提升学生的综合素质、国际视野、科学精神和创业意识、创造能力。"三全育人"综合改革正是激发和调动高校全部人员,注重和聚焦人才培养全过程,整合和融合学校、家庭、社会各方面的资源,持续不断提高人才培养质量的重要途径。

二、"三全育人"综合改革的工作思路

(一)围绕"全"字,做足文章

坚持系统思维,从育人理念、育人体系、育人形态着手,增强全体教职工的育人意识,建立育人责任清单,强化责任担当,在各自

岗位推进铸魂育人,实现人人育人;将立德树人、铸魂育人贯穿教育教学全过程和学生成长成才全过程,融入学校办学治校各方面,形成全领域、全时段、持续性育人机制,实现时时育人;统筹各领域、各维度育人资源,将育人贯穿到教育教学方方面面,课上课下、线上线下、校内校外相结合,多维并进、互补互动、综合融通,实现处处育人;聚焦重点任务、重点群体、重点领域、重点区域、薄弱环节,强化优势、补齐短板,实现时间无空档、空间无死角、人员无缺位、内容无遗漏,形成全员参与、全程贯穿、全方位协同的一体化育人格局。

(二)围绕"育"字,下足功夫

深刻把握思想政治工作规律、教书育人规律和学生成长规律,始终围绕学生、关心学生和引导学生,培养学生成为有德行、有才学、有根脉、有格局的时代新人;紧紧围绕立德树人根本任务和铸魂育人神圣职责,牢牢抓住思想政治工作生命线,更加突出从队伍、时间、空间三个维度协同育人,从宏观、中观、微观三个层面构建一体化育人体系,打通"三全育人""最后一公里",真正把工作重心和目标落在育人效果上,使学校思想政治工作更好地适应和满足学生成长诉求、时代发展要求和社会进步需求。

三、云南大学"三全育人"综合改革的实践探索

(一)抓统一思想认识,强化顶层设计

通过系统深入地开展学习宣传,学校充分认识到"三全育人"是新时代高校思想政治工作的新举措,是落实立德树人根本任务的新方法,是培养担当民族复兴大任时代新人的新路径,全体师生不断增强"三全育人"的政治自觉、思想自觉、行动自觉。学校主要领导多次召开会议研究制定"三全育人"改革方案,确定通过"党建强基""思政创优""科研创新""教师提质""实践育人""文

化涵养"等六大工程,把立德树人融入思想道德、文化知识、社会实践教育各环节,贯通学科体系、教学体系、教材体系、管理体系,不断优化思想政治工作顶层设计,为"三全育人"综合改革绘制出科学合理的实践蓝图。

(二)抓一体统筹推进,强化党的领导

学校成立"三全育人"综合改革领导小组,党委书记、校长担任组长,其他校领导担任副组长,形成了党委统一领导、党政齐抓共管、部门牵头、全面一体统筹推进的综合改革工作机制,将"三全育人"综合改革作为学校党委书记的履职亮点项目重点推进。同时成立六大工程专项工作领导小组,由各分管校领导担任组长,各牵头单位主要负责人担任副组长,制定实施各专项工作责任清单,每月汇总工作进展情况,对标对表推动各专项工作。另外,面向全校二级党委开展"三全育人"改革立项,逐步形成育人工作"一院一品"一花领开、百花齐放的良好局面。通过校园网、校报、简报多种方式,及时宣传报道全校"三全育人"工作,不断发挥先进典型引领示范作用,人民网、《光明日报》等主流媒体先后多次对学校"三全育人"工作进行了报道。

(三)抓多方联动协调,强化六大工程

通过课内课外、线上线下、校内校外联动协调,推进六大工程。一是党建强基工程作用突显。出台加快一流党建15项制度和文件,1部党建著作入选全国高校思政文库,学校获全国党建工作标杆院系1个、样板支部6个。二是思政创优工程成效明显。加强马克思主义学科建设,加大思政课改革创新力度,学校获批全国重点马克思主义学院培育单位,获全国"一省一策思政课"集体行动项目等。三是科研创新工程成效突出。学校获国家科研立项数逐年攀升,2020年获国家社科基金项目立项48项,位列全国高校第三。5名教师的成果入选"国家哲学社会科学成果文库"。要求所有教授为本科生上课,以科研反哺教学。定期举办东陆高端学术论坛、艾思奇大讲坛、魁阁讲座等,不断引领师生关注科研前沿。四是教师提质工程进展顺利。设立教书育人、管理育人、服务育人等奖项,引导广大教师争做新时代"四有"好老师,多位教师获"全国高校黄大年式教师团队"、全国教学名师等称号。五是实践育人工程成效显著。学校深化以"课程化、项目化、系统化、体系化"为内涵的社会实践教育模式改革,打造"认证系统+品牌课程+精品活动+竞赛项目"四轮驱动的具有云南大学特色的第二课堂课程项目体系,获大学生"挑战杯"竞赛一等奖。六是文化涵养工程不断深化。加快"绿化文化美化"建设,学校多次荣登全国最美大学榜单。建好用好中华优秀传统文化传习基地、爱国主义教育基地等六大基地。结合学校教育教学历史打造的话剧《魁阁时代》,荣获云南省社科普及创新示范项目,被人民网、光明网等媒体转发100余次,阅读量累计达100万次以上。

(四)抓全面深度融合,强化育人内涵

坚持"五个融合",不断拓展"三全育人"时代内涵。一是推进能力与人格融合。学校始终坚持立德树人,着力构建知识探究、能力提升、人格养成"三位一体"的人才培养模式,坚持用习近平新时代中国特色社会主义思想铸魂育人,始终坚持全面发展,多名学生获"中国大学生自强之星"称号,荣获"互联网+"创新创业大赛全国金奖,杰出校友张桂梅荣获"全国优秀共产党员""时代楷模""全国脱贫攻坚楷模"等称号。二是推进学校与社会融合。着力将课堂教学与社会实践相结合,开展青春告白祖国系列活动,引导师生立足实际"抗击疫情、爱国力行",《人民日报》等主流媒体报道了王婉格、杨小丽同学等代表人物的典型事迹。大力推进马克思主义传播基地、思政课实践教学和国情调研校内外基地建设,优化拓展育人空间。重点实施"理解中国"系列计划,引导学生了解历史中国,认识现实中国,把握未来中国,建设当下中国。"理解中国"项目连续三年入选全国高校思政工作精品,被人民网、《中国青年报》、《南风窗》等多家媒体报道,引起强烈反响。三是推进科研与教学融合。实施教研室振兴计划,在思政课中全面落实集体备课制,坚持群学共进。主动参与《习近平谈治国理政》(第一卷、第二卷、第三卷)、《摆脱贫困》和《习近平扶贫论述摘编》等重要文献非通用语多语种的翻译推介工作,组织实施"习近平新时代中国特色社会主义思想在云南边疆民族地区的理论与实践"重大项目攻关,形成了一批最新的学术研究成果。通过将最新的研究成果及时转化为新的教学内容,进一步提升思政课的质量和教学效果。四是推进学科专业之间融合。坚持把思想政治教育贯穿人才培养全过程,推进学科专业之间的融合。将马克思主义理论学科列为一流大学建设重点学科,将思政课作为"第一课"来抓,全面推进"课程思政"建设,不断挖掘各门课程所蕴含的思政教育元素。进一步完善跨学科人才培养体系,把科学精神、思想品德、实践能力和人文素养的培养贯穿于人才培养的全过程。五是推进教师与学生融合。牢固树立师生平等的观念,建立师生共同学习、共同探索的新型师生关系。大力加强师德师风建设,教育引导教师以德立身、以德立学、以德施教、以德育德。建立领导干部联系师生制度,深入了解学生所思所想,适应学生所需所求。建成一批智慧教室、学术沙龙等,大力营造师生相互交流、相互沟通、相互启发的良好氛围。

四、云南大学"三全育人"综合改革的工作成效

(一)思想政治工作体系逐步健全

近年来,学校制定实施《思想政治工作质量提升工程实施方案》《"三全育人"综合改革实施方案》《贯彻落实加快构建高校思

想政治工作体系的意见的任务实施方案》等,紧紧围绕课程、科研、实践、文化、网络、心理、管理、服务、资助、组织等十个方面,逐步建立健全了理论武装、学科教学、日常教育等七大育人体系,确保思想政治工作全面融入学校教学、科研、管理和社会服务等工作当中,思想政治工作体系逐步完备、工作成效日益凸显。

(二)思想政治工作合力明显增强

"三全育人"综合改革实施以来,学校形成了党委统一领导、党政分工合作、各部门牵头负责、全校各单位协调推进思政工作的良好局面。学校党委全面统筹各领域、各环节、各方面的资源和力量,加强体制机制、项目布局、人才队伍、条件保障等方面的系统设计,学校行政全面响应党委领导,全力推进保障落实措施,宣传部、组织部、统战部、学生工作部等部门结合实际相应开展思想政治工作,各院级党组织结合学科和专业特点,积极开展"三全育人"特色品牌创建,逐步形成"一花领开,百花齐放"的大思政格局。

(三)思想政治工作质量显著提升

通过"三全育人"综合改革,学校思想政治工作质量显著提升。思政工作队伍整体素质提升较快。思政教师先后获全国"最美高校辅导员""高校辅导员年度人物""全国高校思想政治工作中青年骨干队伍建设项目"等荣誉。上好"抗疫思政大课",在中宣部、教育部指导下举办的"青春歌会"受到广泛好评。在党史学习教育中,学校原创党史题材《百年芳华 初心传承》插画首发以来受到《人民日报》等主流媒体全网关注,点击量达数亿次。学校先后获批国家首批"中华优秀传统文化传承基地""铸牢中华民族共同体意识研究基地""国家教材重点研究基地"等,承担马克思主义理论研究和建设工程相关教材编写任务。

下一步,学校将继续坚守为党育人、为国育才的初心使命,勇担立德树人根本任务,把"三全育人"综合改革作为"十四五"规划的重点任务加以建设,积极探索边疆民族地区"三全育人"综合改革之路,为培养德智体美劳全面发展的社会主义建设者和接班人,培养担当民族复兴大任的时代新人作出新的更大贡献。

以铸牢中华民族共同体意识为引领建设安定团结模范之地

李为民

(满洲里俄语职业学院党委书记)

习近平总书记在党的二十大报告中指出:"以铸牢中华民族共同体意识为主线,坚定不移走中国特色解决民族问题的正确道路,坚持和完善民族区域自治制度,加强和改进党的民族工作,全面推进民族团结进步事业。"①2021年中央民族工作会议强调,铸牢中华民族共同体意识是维护各民族根本利益的必然要求,是实现中华民族伟大复兴的必然要求,是巩固和发展平等团结互助和谐社会主义民族关系的必然要求,是党的民族工作开创新局面的必然要求。铸牢中华民族共同体意识是新时代党的民族工作的"纲",所有工作要向此聚焦。

中华民族共同体意识是国家统一之基、民族团结之本、精神力量之魂。高校肩负着为党育人、为国育才的使命,铸牢中华民族共同体意识是全面贯彻党的教育方针,落实立德树人根本任务的必然要求。办好人民满意的教育,就要深入贯彻落实习近平总书记关于加强和改进民族工作的重要思想,将民族团结进步事业作为基础性事业抓紧抓好,以铸牢中华民族共同体意识为纲,切实将铸牢中华民族共同体意识融入办学治校、教书育人全过程,把高校建

---

① 习近平:《高举中国特色社会主义伟大旗帜 为全面建设社会主义现代化国家而团结奋斗——在中国共产党第二十次全国代表大会上的报告》,人民出版社2022年版,第39—40页。

设成为安定团结的模范之地。

一、聚焦"同心圆",切实肩负做好新时代党的民族工作的使命担当

高校作为人才培养的主阵地,必须从中华民族伟大复兴战略高度,把铸牢中华民族共同体意识作为始终牢记的"国之大者",教育引导各族师生牢固树立休戚与共、荣辱与共、生死与共、命运与共的共同体理念,坚定对伟大祖国、中华民族、中华文化、中国共产党、中国特色社会主义的高度认同,在中华民族大家庭中像石榴籽一样紧紧抱在一起,共同建设伟大祖国,共同创造美好生活,为培养担当民族复兴大任的时代新人提供坚强的保障。

一是加强党的领导,把铸牢中华民族共同体意识贯穿到立德树人的全过程、体现在办学治校的各方面。完善工作机制,构建党委统一领导、统战部门牵头协调、有关部门协同配合、全社会通力合作的民族工作格局,确保新时代党的民族理论和民族政策落实到位。持续深化民族团结进步创建,以加强各民族交往交流交融为根本途径,全面加强爱国主义教育和中华民族共同体意识教育,系统推进中华民族共同体建设,确保民族团结进步事业始终沿着正确轨道向前推进。

二是强化思想引领,坚持用习近平新时代中国特色社会主义思想铸魂育人。加强学科融入,充分发挥主渠道和主阵地作用,突出铸牢中华民族共同体意识的理论性、政治性、思想性和实践性,将铸牢中华民族共同体意识教育纳入思政课程体系建设,挖掘弘扬专业课程中蕴含的民族团结进步思想内涵,讲好铸牢中华民族共同体意识的学理、道理、情理、事理,教育引导各族学生切实增强"三个离不开""四个与共""五个认同"的自信自觉,铸牢中国心、中华魂。

三是聚焦立德树人,牢牢把握全面提高人才培养能力的核心要求。聚焦"六个下功夫",坚持"五育并举",紧扣"凝聚人心、完善人格、开发人力、培育人才、造福人民"的工作目标,实现知识传授与价值引领的有效结合,把铸牢中华民族共同体意识教育有机融入人才培养方案,把思想品德、科学精神、人文素养、责任担当、实践能力等核心要素在教育教学中落细落实,引导各族学生立大志、明大德、成大才、担大任,努力成为堪当民族复兴重任的时代新人。

二、坚持"同频率",统筹推进铸牢中华民族共同体意识的体系建设

民族工作是党的群众工作,是全党的工作,民族工作涉及方方面面,方方面面都有民族工作。高校要以铸牢中华民族共同体意识为主线,统筹办学治校、教育教学、人才培养等资源力量,一体化构建完善"大思政"工作格局,深化推进全员全程全方位育人体系,不断完善铸牢中华民族共同体意识宣传教育的长效机制。

一是工作全面覆盖。以铸牢中华民族共同体意识为主线,为形成更加完善、更高质量的人才培养体系"立标"。以培养社会主义建设者和接班人为旨归,明确新时代学校民族团结进步教育的"目标"。以促进各民族交往交流交融为手段,构建课堂教学、教育实践、校园文化多维一体的育人"坐标"。以确保人才培养质量为抓手,探索构建要素齐全、科学完备的民族团结进步教育的评价"指标",整体推动铸牢中华民族共同体意识教育在高校落实落细。

二是实践协同推进。坚持"重在平时、重在交心、重在行动、重在基层"理念,积极探索高校铸牢中华民族共同体意识的创新路径。强化教育引导、氛围熏陶、实践养成,搭建各民族师生交往交

流交融平台。倡导嵌入式学习,打造具有交往性与情境性特征的"学习共同体"。推动融入式科研,形成具有参与性和协同性特征的"学术共同体"。倡导渗透式实践,构建具有共生性和关联性特征的"实践共同体"。教育引导学生形成中华民族共同体建设的文化基础和情感纽带,把个人的奋斗目标融入中华民族伟大复兴的时代进程。

三是宣传汇聚合力。唱响铸牢中华民族共同体意识的主旋律,营造全社会共同推进民族团结进步教育的良好氛围。坚持"端网联动"和"多方联动",打造校内校外育人共同体,整合共享优质育人资源,综合运用立体传播方式,做大做强正面宣传引导。系统深入宣传阐释党的民族理论与方针政策,及时讲好中华民族守望相助的精彩故事,积极营造人人珍视民族团结、维护民族团结、享受民族团结的良好氛围,将中华民族共同体意识潜移默化地嵌入心中、融入血液、铸入灵魂。

三、营造"同场域",夯实建设中华民族共有精神家园的思想根基

构筑中华民族共有精神家园是中华民族共同体建设的重要内容。高校要以增强中华文化认同为核心要求,以民族团结进步创建为着力点,促进各民族师生广泛交往交流交融,形成理想、信念、情感、文化上的团结统一,做到人心归聚、精神相依、守望相助、手足情深,形成人心凝聚、团结奋进的强大精神纽带。

一是高扬中华民族大团结旗帜。构筑中华民族共有精神家园,必须正确把握共同性与差异性的关系、中华民族共同体意识和各民族意识的关系、中华文化和各民族文化的关系、物质和精神的关系,不断提升运用党的创新理论做好民族工作的能力水平。将民族团结进步教育全面纳入文明校园创建、公民道德建设、时代新

人培育等工程,有机融入中华优秀传统文化、革命文化和社会主义先进文化的教育普及,引导各民族师生自觉履行守护民族团结生命线的政治责任,为实现中华民族伟大复兴的中国梦提供不竭精神动力。

二是增强中华文化认同。坚持以培育和践行社会主义核心价值观为引领,弘扬以爱国主义为核心的民族精神和以改革创新为核心的时代精神,用共同理想信念凝心铸魂,赓续精神血脉。注重以文化人、以文育人,在增强中华文化认同基础上,促进各民族优秀传统文化传承保护和创新发展。深化主题教育实践,通过有形、有感、有效的校园文化,树立和突出各民族共享的中华文化符号和中华民族形象,教育引导各民族师生树立正确的历史观、民族观、国家观、文化观,增强对中华民族的认同感和自豪感。

三是深化民族团结进步创建。坚持守正创新,完善长效机制,更好体现时代性、把握规律性、富于创造性。建设相互嵌入式的社区环境,营造各民族师生共居共学、共事共乐、共建共享的条件,促进各民族师生像石榴籽一样紧紧抱在一起。完善铸牢中华民族共同体意识宣传教育常态化机制,切实抓好推广普及国家通用语言文字工作,全面推行使用国家统编教材,落细落实相关法律政策。引导各民族师生强化国家意识、公民意识、法治意识,成为铸牢中华民族共同体意识的模范践行者。

四、着力"同发展",汇聚实现中华民族伟大复兴的磅礴力量

铸牢中华民族共同体意识是实现中华民族伟大复兴的必然要求,推动各民族为全面建设社会主义现代化国家共同奋斗是新时代党的民族工作的重要任务。高校必须紧扣实现中华民族伟大复兴这个主题,把铸牢中华民族共同体意识与高等教育事业的改革发展结合起来,自觉主动地服务和融入党和国家的战略大局,努力

办好人民满意的教育,为实现中华民族伟大复兴作出应有贡献。

一是坚持以人民为中心的发展理念,不断增强各民族师生的获得感、幸福感、安全感。坚持各民族一律平等,依法治理民族事务,保障各民族师生合法权益,共同参与学校治理。准确把握少数民族学生的身心特点和现实需求,加大少数民族高素质人才的培养力度,促进全面发展,提升综合素质,增强适应未来社会竞争的能力。优化少数民族学生事务管理模式,加强人文关怀和心理疏导,提供精准化、精品化的教育服务,让少数民族学生切实感受党的民族政策的温暖,做到强信心、聚民心、暖人心、筑同心。

二是推动高等教育高质量发展,推动各民族共同走向社会主义现代化。服务国家和区域重大战略需求,充分发挥高校的综合优势,大力支持各民族群众发展经济、改善民生,实现共同发展、共同富裕,在思想观念、精神情趣、生活方式上向现代化迈进。把发展科技第一生产力、培养人才第一资源、增强创新第一动力结合起来,切实赋予所有改革发展以彰显中华民族共同体意识的意义,不断使高等教育同党和国家事业发展要求相适应、同人民群众期待相契合、同我国综合国力和国际地位相匹配,更好地为服务国家富强、民族复兴、人民幸福贡献力量。

三是推动党的建设、民族工作与高校的事业发展深度融合。坚持把党的领导贯穿民族工作的全过程,坚持党建引领,夯实基层基础,强化组织保障,不断提升民族事务治理体系和治理能力现代化水平。牢固树立总体国家安全观,坚持底线思维,强化风险意识,守好意识形态阵地,防范化解民族领域重大风险隐患,维护校园安定团结,确保国家长治久安。高校要坚守教育报国初心,勇担立德树人使命,积极促进各民族共同团结奋斗,共同繁荣发展,奋力谱写以中国式现代化全面推进中华民族伟大复兴的新篇章。

发挥大学文化建设在立德树人中的独特作用

安俊堂

(兰州大学党委副书记、宣传部部长)

文化是大学的灵魂,育人是大学的根本任务。习近平总书记强调:"要把立德树人的成效作为检验学校一切工作的根本标准,真正做到以文化人、以德育人。"①新时代加强以育人为核心的大学文化建设,引导广大师生树立正确的世界观、民族观、国家观、文化观,培养担当民族复兴大任的时代新人是办好中国特色社会主义大学的迫切需要,是落实立德树人根本任务的有效方式和重要途径。

一、大学文化建设构成要素

大学文化的内涵十分丰富,以精神文化、物质文化、制度文化、行为文化为主要构成要素,且相互促进、协同发力。

第一,精神文化是大学文化的核心和灵魂,是学校在长期办学实践中形成并引领全体师生员工拼搏奋进的精神动力。学校精神、校训、学风、办学理念等能够折射精神文化的精髓内容和价值取向,是大学精神文化的重要内容。学校要以培养担当民族复兴大任的时代新人为着眼点,发挥社会主义核心价值观凝聚人心、汇聚民力的强大力量,将社会主义先进文化、革命文化、中华优秀传

---

① 习近平:《在北京大学师生座谈会上的讲话》,人民出版社2018年版,第7页。

统文化自觉融入学校精神文化建设中。

第二,物质文化是大学文化的重要载体。校园内的人文景观、文化设施和文化阵地等既满足着大学的教学、科研和师生学习、生活需要,又彰显着学校的物质文化,内蕴着学校的精神文化,体现的是一所大学的文化传统和育人理念,同时对提升国家和地区的文化品位和水平亦具有示范引领作用。实践表明,一所大学是否具备坚实的物质文化以及对物质文化建设的整体规划观念,直接影响其文化服务、文化辐射功能的发挥。

第三,制度文化是大学文化建设的硬性标尺,是学校精神风貌的集中表现。高校加强制度文化建设,旨在构筑民主科学高效的管理运行机制,践行以人为本的价值理念,不断强化政治思维、法治思维、系统思维,增强治理的规律性、协调性和创造性,以符合大学精神和时代要求的先进制度推动学校各项工作健康发展,形成更加和谐、更富有人文关怀的校园制度文化环境。

第四,行为文化是师生员工所表现出来的良好的行为方式的总和,是大学文化最鲜活的呈现。其主要体现在教师、学生、科研人员、行政管理干部、后勤服务人员等群体的行为习惯和行为方式上,折射了学校师生的思维方式、价值观念、精神状态等,进而逐步形成教师的育人文化、学生的成才文化、科研的创新文化、管理的勤政文化和后勤的服务文化,为校园文化建设整体工作提供最有力的基础支撑。

二、大学文化建设的育人功能分析

习近平总书记强调,"文化自信是一个国家、一个民族发展中更基本、更深沉、更持久的力量"[①]。通过大学精神的传承和弘扬、

---

① 习近平:《决胜全面建成小康社会 夺取新时代中国特色社会主义伟大胜利——在中国共产党第十九次全国代表大会上的报告》,《人民日报》2017年10月28日。

大学育人氛围的培育和塑造,进而实现以文化人、以文育人的目标任务,是立德树人的内在要求,是大学文化建设的使命所在。

(一)凝练精神文化,凸显价值引领

"培养什么人、怎样培养人、为谁培养人"是教育的根本问题。大学精神文化始终聚焦党的基本理论、基本路线、基本方略,围绕立德树人根本任务发挥着锻造学生坚韧筋骨、厚植家国情怀的重要作用。其中,学校精神和校训的践行与培育、学风和校风的弘扬与营造等均是精神文化发挥价值引领作用的重要途径。例如,在百余年发展变革中,兰州大学(简称"兰大")形成了"自强不息、独树一帜"的校训。"自强不息"就是不畏困难、直面差距、自立自省、发奋图强,"独树一帜"就是敢为人先、与众不同、立足特色、勇于创新。兰大校训既反映了学校的历史传统,也符合现代大学精神的要求,成为兰大师生开拓创新、奋勇向前的精神支撑。

(二)强化物质文化,彰显人文熏陶

作为学校文化的物质载体,大学物质文化以固定且庄重的形式,渗透在校园的物质文化景观中,在塑造学生思想品格、提升人文修养、陶冶道德情操中增强了学校立德树人的亲和力和实效性,是学校实现文化育人的重要载体。近年来,兰大在优化校园人文环境、加强校园人文景观建设上狠下功夫,力求寓兰大精神、兰大特色、兰大理念于各类建筑之中,使楼宇、园林、山水都成了文化育人的"活"资源,让兰大人在潜移默化中接受兰大精神的浸润熏陶。如学校以"昆仑、祁连、贺兰、秦岭、陇山"等西北名山为教学楼、实验楼等公共楼宇命名,充分彰显了兰大人"为学如为山""学者其式法诸山以质朴坚定为楷范"的不懈追求和美好期冀。

(三)健全制度文化,体现规范导向

制度文化建设为学校立德树人提供了制度规范和保障。学校通过树立制度权威,建设规范、公正、高效的执行制度,实现刚性执行与柔性执行相结合、约束与激励相结合,从而达到"蓬生麻中不扶自直""入芝兰之室久而自芳"的教育效果。一是树立依法治校的理念,强化制度的权威性,健全制度执行的监督约束机制,形成有章可循、执纪必严、违规必究的良好风气。二是优化校内治理结构,坚持党委领导下的校长负责制,完善议事规则与决策程序,健全与师生员工之间的沟通机制。三是加强民主管理,贯彻落实民主集中制,完善教职工代表大会制度,落实校务公开制度,发挥专业委员会在学校管理中的决策咨询作用,保障师生员工对学校管理的知情权、参与权和监督权。

(四)厚植行为文化,塑造大学灵魂

大学行为文化是实现立德树人的重要突破口,是传递鲜明价值理念、推进立德树人实践的重要抓手。以文化人的关键在于"化",正确的途径和方法决定"化人"效果,通过教师师德示范、学生成长成才、人性科学的管理、周到高效的服务等具体可见的行为潜移默化地影响和感染人。其中,教师的育人文化是引领大学文化的主导力量,着力点在于塑造严谨治学、甘为人梯的崇高追求;学生的成才文化是活跃大学文化的主体力量,着力点在于倡导勤奋进取,引导学生学有所用、学有所成;科研的创新文化是引领时代精神的决定性力量,着力点是孕育潜心研究、勇攀高峰的创新精神;管理的勤政文化是沉淀一所大学优秀品质的基础性力量,着力点是恪尽职守、规范高效,树立竭诚为师生服务的思想意识;后勤的服务文化是凝聚一所大学内在力量的保障,着力点是形成精益求精、悉心周到的服务文化。

三、发挥大学文化建设在立德树人根本任务中独特作用的实践策略

要更好地发挥大学文化建设在立德树人中的功能,必须构建

立体清晰、实效性强的实践策略。坚持党的领导,坚持社会主义办学方向,突出学校文化特色;坚持继承优秀大学文化传统与实现突破创新相结合;坚持力量协同与监督评估相结合,为培养有理想、敢担当、能吃苦、肯奋斗的新时代好青年提供丰厚的精神滋养,为建设社会主义文化强国贡献力量。

(一)坚持旗帜鲜明与突出特色相结合

在推动大学文化建设的过程中,必须毫不动摇地坚持党的领导,坚持社会主义办学方向,坚守"为党育人、为国育才"初心使命。坚持以人民为中心的发展思想,团结带领广大师生积极投身大学文化建设;坚持从群众中来、到群众中去的建设思路,确保文化建设既有正确方向指引,又有扎实群众基础。

习近平总书记指出,"办好中国的世界一流大学,必须有中国特色。没有特色,跟在他人后面亦步亦趋,依样画葫芦,是不可能办成功的"[1]。坚持以长期历史沉淀的大学精神为底蕴,树立文化品牌,优化文化环境,从而凸显大学特色。以大学独特的历史为着眼点,打造校史文化传承工程;坚持校院两级文化建设的整体性,营造更为和谐、包容、进取的文化环境;以活跃学术氛围为主题,打造尊重学术自由、鼓励探索的和谐学术环境。通过创造性转化与创新性发展,形成具有鲜明特色、独特风格的大学文化。

(二)坚持坚守传承与创新发展相结合

固本培元坚守传承,注重挖掘与坚守大学文化中精神文化、物质文化、制度文化、行为文化的优秀建设经验,对优秀大学文化予以保护和完善,对不合时宜的大学文化应果断地舍弃,同时不断强化中华优秀传统文化、革命文化和社会主义先进文化对大学文化的滋养。

---

[1] 《习近平谈治国理政》第一卷,外文出版社2018年版,第174页。

加快推进新时代大学文化建设,要因时而进、因势而新,不断丰富建设内容、创新建设载体,提升建设实效性。加强融媒体传播规律研究,主动适应新媒体传播特点,转变话语体系,在深化传统媒体与新兴技术有机融合的基础上,发挥全媒体平台资源优势,通过图片、视频、H5、直播等多种方式,鲜活生动地推进网络作品精准化供给,增强思政教育资源推送的针对性、影响力、感染力,让大学文化飞上"云端",走进师生心灵。

(三)坚持力量协同与监督评估相结合

加强顶层设计,构建党委统一领导、党政共同负责、主责部门牵头抓总,相关部门积极配合、二级单位具体落实、师生校友全员参与的文化建设格局,形成文化建设强大合力,促进文化建设成为汇集众智、凝聚众力的自觉行为。将文化建设纳入学校事业发展总体规划,健全完善各项规章制度和专项会议研究推进机制;校级层面设立相关职能处室,具体推进落实文化建设工作;校内二级单位有专人负责本单位文化建设工作,构建两级责任传导机制,从而确保文化建设工作系统推进、有效落实。完善文化建设评估反馈机制,形成信息有效及时回流的工作闭环。发挥各监督主体作用,秉持公开透明、责任到人原则,加强对文化建设重要领域和关键环节的权力行使、经费使用情况的监督,确保大学文化建设工作稳步推进,为落实立德树人根本任务提供有利文化条件。

红色文化育人特色思政课程建设

卿涛

（石河子大学马克思主义学院院长、原校党委宣传部常务副部长）

新疆生产建设兵团（以下简称"兵团"）是党和国家治理新疆不可替代的战略力量。兵团人铸就的热爱祖国、无私奉献、艰苦创业、开拓进取的兵团精神，是中国共产党人精神谱系的重要组成部分。石河子大学诞生、发展、壮大于兵团，承担着"以兵团精神育人，为兴疆固边服务"的重任。学校"兵团精神育人——名师思政导航课"是国家一流实践课程，充分依托丰富的红色文化资源，传承弘扬优秀文化，打造了亲和力强、针对性强、感染性强的红色文化育人特色思政课程，切实提升学校立德树人的成效。

一、兵团精神红色文化育人特色思政课的本土实践

习近平总书记强调，"思政课不仅应该在课堂上讲，也应该在社会生活中来讲""'大思政课'我们要善用之，一定要跟现实结合起来"[①]。2022年，教育部等部门印发《全面推进"大思政课"建设的工作方案》，明确提出坚持开门办思政课，强化问题意识、突出实践导向，充分调动全社会力量和资源，建设"大课堂"、搭建"大平台"、建好"大师资"，推动思政小课堂与社会大课堂相结合，推动各类课程与思政课同向同行，教育引导学生坚定"四个自信"，成为堪当民族复兴重任的时代新人。根据红色文化育人课程的基本属性，以及"大思政课"建设的重要指导思想，结合兵团高校育人

---

① 转引自杜尚泽：《"'大思政课'我们要善用之"（微镜头·习近平总书记两会"下团组"·两会现场观察）》，《人民日报》2021年3月7日。

实际,石河子大学"兵团精神育人——名师思政导航课"主要开展了以下几个方面探索性实践。

(一)构建"大格局",形成"思政课程+课程思政+第二课堂"三位一体课程体系,打破场域局限

一是以国家一流课程"兵团精神育人——名师思政导航课"为品牌,与其他思政课程形成宏微并举、精专结合的思政课程体系。二是着力打造"兵团精神+专业教育"课程思政。学校目前立项建设了覆盖18个专业学院的此类课程37门,明确课程内容突出兵团相关领域,专业实践贴近兵团一线,专业价值融入兵团精神,实现"知识传授"和"价值引领"有机统一。三是充分利用第二课堂育人阵地,建立学分积累和考评制度,组织学生参加党团教育、社会实践、志愿服务、学术讲座、创新创业等,培养学生扎根边疆、建设边疆、服务边疆的高尚情怀。三个模块相辅相成、彼此呼应、同向同行,形成了全员、全过程、全方位育人的基本格局。

(二)用好"大先生",采用"主讲+导学"的模式,打破教学局限

坚持让有信仰的人讲信仰、有情怀的人讲情怀、有故事的人讲故事,建设了校内校外相结合、兼职与专职相结合的师资队伍。与塔里木大学联合建立"大思政课"育人师资库,实现育人资源共享。邀请英雄模范走上大学讲台讲述感人故事,再由专业教师对故事进行理论升华,让思政课既有情感温度,又有理论深度。先后聘请"七一勋章"获得者魏德友、戍边模范马军武、感动中国人物李梦桃等老兵模范、时代楷模、英雄人物为"兵团精神育人校外思政导师"。兵团故事因英雄模范们的亲身讲述而生动,兵团精神因思政课教师的理论引导而高远。

(三)拓展"大课堂",形成"课堂+实境"模式,打破时空局限

将兵团精神教育课堂设在广袤的兵团大地,带领学生走进爱

国主义教育基地、英雄模范故地,来到大漠边境、基层一线。或者组织观看电影作品、文艺作品,使学生了解兵团历史、感受兵团精神、融入兵团实践,以"可听、可视、可感"的特色使思政课从"平面"走向"立体"。先后在47团老兵纪念馆、魏德友爱国主义教育基地、军垦第一连等10个爱国主义教育基地挂牌"兵团精神育人校外基地",努力使思想政治教育从课堂走进社会,从课本走进历史。与塔里木大学开展"云端联合课堂"共享红色场馆教育资源,使学生坐在教室也可以领略千里之外的兵团精神实践成果。

(四)开展"大宣讲",塑造"接受者+传播者"学生主体角色,打破身份局限

充分利用第二课堂学分制,指导学生以"寻、讲、演"的方式弘扬传承兵团精神。"寻"兵团故事,使学生在触摸历史中得到熏陶。通过暑期社会实践活动,走访兵团14个师红色教育基地,寻访一批老兵英模,挖掘出一批感人的老兵故事。编辑出版《引航》《跨越万水千山的洗礼》《老连长讲故事》等书籍;"讲"兵团故事,在回望历史中传播兵团故事,选拔优秀的学生组建兵团故事宣讲团,面向全校师生开展兵团故事宣讲,以学生的切身感受讲述老一代兵团人用青春与热血书写的感人故事;"演"兵团故事,在穿越历史中传承精神,学生自主创作的兵团精神主题节目《祖国是我脚下的每一寸山河》《超越》《白杨树之恋》等校园文艺作品,累计观看超15万人次。

二、兵团精神红色文化育人特色思政课的实践成果

兵团精神红色文化育人特色思政课不仅仅从知识层面教育人,更重要的是从精神层面、价值观层面塑造人,使广大青年系统深切地了解兵团,从而深沉地热爱兵团、真诚地扎根兵团、长久地建设兵团,为人才戍边、教育兴疆奠定思想政治基础。在兵团精神

的感召下,建校70多年来,石河子大学留疆毕业生10.8万余人,占毕业生总人数的64.29%。① 近年来,学校60%以上的毕业生留在新疆和兵团建功立业②,开创了"教育戍边"的独特机制,为新疆和兵团吸引了人才、培养了人才、留住了人才,高度契合党中央关于新疆社会稳定和长治久安的战略需求。

兵团精神育人形成了一定社会影响力。2019年,教育部思政司指导建设的全国高校思想政治工作网以"兵团精神课程育人的本土化演进"为题,专门介绍了学校以兵团精神育人为主题的思政教育。兵团精神育人、特色"大思政课"改革、教育戍边成效得到了《人民日报》、中央电视台、《光明日报》、《中国教育报》、中国教育电视台、新疆电视台、兵团电视台,以及人民网、新华网、胡杨网等主流媒体的广泛关注与报道。"兵团精神育人——名师思政导航课"被《光明日报》报道形容为"逐步进入学校最'火'的课程之列"。

三、兵团精神红色文化育人特色思政课的建设经验

高校思政课是最直接面对"培养什么人、怎样培养人、为谁培养人"根本问题的课程。红色文化育人特色思政课具备思政课的本质属性,在育人体系中承担着独特使命,决定了其要以价值观塑造为目标导向,以知情意行认知为规律导向,以喜闻乐见的特点来突出学生学习的主体导向。

(一)坚持目标导向,锚定价值认同教学旨归

价值观认同是一个由外到内、由认知经由情感再到意志、由观念到行为的连续推进过程。知识认同是出发点。红色文化育

---

① 参见杨明方、李亚楠:《石河子大学——把科研扎根在边疆大地上》,《人民日报》2019年4月19日。
② 参见柴真:《以兵团精神培育时代新人》,《兵团日报》2022年12月6日。

人首先要把历史讲好,通过客观认识影响主观认识。在"兵团精神育人——名师思政导航课"的实践中,讲好兵团历史是整个教学的起点和基础,使学生在深入了解历史人物、基本史实、历史演变的过程中形成对兵团精神的价值认同。理论认同是支撑。对于青年大学生来说,理性认识是价值观稳定的支撑因素,红色文化所蕴含的真理性本身就体现在我们党的革命实践中。结合革命实践讲清楚其中蕴含的历史规律,使大学生对兵团实践、兵团精神形成"理论共鸣"。情感认同是催化剂。红色文化育人特色思政课要增进大学生对革命历史以及其中的榜样人物的情感认同。"兵团精神育人——名师思政导航课"邀请兵团英模人物、共和国最美奋斗者等走上讲台,亲身讲述自己的感人事迹,让大学生充分感受到兵团精神的魅力,使其从内心深处认同这些人物的实践成就和时代价值,增进对时代榜样的情感认同。行为认同是落脚点。大学生是否真正认同兵团精神,最终需要通过他们的行为表现来检验。"兵团精神育人——名师思政导航课"从大一开始进行相关教育,最后进入实践就业环节,通过就业来检验教育成果,形成闭环系统,充分体现了全过程育人理念,最终形成价值认同的教育教学目标。

(二)坚持规律导向,遵循知情意行认知规律

知情意行是人的思想政治品德形成的基本过程。其中,知是前提和基础,情是催化和动力,意是体现和杠杆,行是结果和表现。"兵团精神育人——名师思政导航课"按照"知识奠基—情感熏染—理论升华—行为导向"的思路,通过课堂概论、新生讲座、课前阅读、实践参观等方式,传播兵团知识,筑牢思想根基。通过名师讲述、艺术熏陶、基地考察感染学生,引发情感共鸣,凝聚信仰的力量。通过延伸教育课堂,引导学生扎根边疆、建设边疆,逐步实现理论与实践的有效衔接,更好地达到红色文化育人的目标。

(三)坚持主体导向,体现喜闻乐见课堂特色

结合青年大学生特征,在思政课的几个重要元素上下功夫,努力做到教师有魅力,方式有创新,内容有温度,导航有指向。思政课是铸魂育人、立德树人的特殊课堂。思政课教师在课堂教学和生活实践中所展示的人格魅力,能够转化为思政课本身的魅力和底蕴。"兵团精神育人——名师思政导航课"坚持让有信仰的人讲信仰,让有情怀的人讲情怀,让有故事的人讲故事,充分挖掘常年坚守维稳戍边一线,在弘扬兵团精神方面有着广泛而深远影响的先锋模范人物担任校外思政导师,发挥思政课教师作为价值观的传播者和塑造者的作用,引领校园主流价值观。

文化文明篇

文史論叢

以文化人显特色　启智润心求实效

蒋朗朗

（中央戏剧学院党委副书记）

2023年10月召开的全国宣传思想文化工作会议首次提出了习近平文化思想，强调要在新的历史起点上继续推动文化繁荣、建设文化强国、建设中华民族现代文明。这一重要思想不仅深刻阐释了建设中华民族现代文明的重大战略意义，也为新时代推动大学校园文化建设提供了根本遵循、指明了前进方向，增强了立德树人的持续动力。

坚持扎根中国大地办大学，既要实现传承中华优秀传统文化、创造中华民族现代文明的重要使命，又要承担中外文化交流的重要任务。现代大学的重要功能，集中体现于知识的生产与传播，包括学术方法的演进和自由探索的气氛将由大学传播至全社会，并借此推动社会进步；更重要的在于大学所培养的人才，一批批扎根社会的各个角落，他们带去的既有所学的科学技术，也有受到的文化熏陶。因此，大学对社会文化的影响，在教育系统内部是垂直型的，在社会层面又是放射型的。在科技发展空前迅速、社会生活变化急剧、东西方文化交流碰撞的新时代，大学所承担的中华民族现代文明建设责任更加重大、使命更加光荣。

一、聚焦立德树人，新时代赋予大学校园文化新内涵

大学校园文化是全体师生员工在长期的办学过程中培育形成并遵循的共同目标、价值体系、理想信念和行为规范，蕴含在学校历史传统、办学理念、教师教风、学生学风、师生素养、校园环境之

中,对内集中体现为校园风气,对外体现为学校形象。校园文化与社会文化是部分和整体的关系,相互交融,相互促进。从文化形态上看,校园文化主要包括精神文化、制度文化、行为文化和物质文化四个层面。

精神文化体现于学校的历史传承、办学宗旨、学术精神、教学理念、师生关系等,集中反映了一个学校的特色风貌,外化在学校章程、校史校训、校歌校徽等方面,属于校园文化的最深层。比如"思想自由、兼容并包"的学术精神,始终是北大人代代相继的崇尚真理、追求卓越的内生动力。又如清华大学校训"自强不息、厚德载物",出自《易经》,意在强调师生自励、自勉、自觉、自立。此校训独具特色,内涵博大精深,是清华的精神追求。

行为文化体现于教学科研活动、组织管理工作、课外文化活动和后勤保障服务等,显示出校园文化的个性氛围,属于校园文化的动态层。如中国农业大学现代农业科技小院是建立在生产一线(农村、企业)的集农业科技创新、示范推广和人才培养于一体的科技服务平台,以研究生与科技人员驻地研究,零距离、零门槛、零时差和零费用服务农户及生产组织为特色,体现新时代中国农学青年"自找苦吃、甘于奉献"的精气神。

制度文化体现于教育教学制度、科研管理办法、行政管理规章、学生行为准则等,彰显着校园文化的规范性,属于校园文化的显性层。如中国人民大学构建新型书院体系,创造大学育人新文化。六个书院是传承红色基因、弘扬优秀传统文化的重要载体,其名称本身就是重要的文化符号,通过不断丰富文化内涵、探索文化创新,建立全面发展的育人机制。

物质文化体现于教学科研设施、工作生活场所以及校园生态环境等,体现着大学的理想和人文精神,是校园文化的表面层。如中央戏剧学院东城校区和昌平校区,均立有首任院长欧阳予倩的塑像,并刻有箴言。老院长求艺修身、严谨治学的态度,时刻激励着师生发扬优良传统,为学为礼为人,求识求学求艺。

大学的文化生态应该是兼容并蓄、积极向上的,是百花齐放、美美与共的,"文以载道,以文化人"是学校落实立德树人的出发点和落脚点。如厦门大学的校园文化,体现在教学、科研、管理、生活等各个方面,体现在一流人才培养的全过程。厦门大学对校园中的"人"的高度重视和"文"的长期坚持,使其每一次节日活动不仅仅是一次欢乐假期的短暂体验,每一部大型剧目不仅仅是一次舞台表演,每一座展馆不只是一个能浏览历史知识的场所……其校园文化是可知可感的,是有着"历史厚重"的,有着"时代特色"的,有着"校本特质"的。

二、坚定文化自信,新时代赋予大学校园文化新使命

文化兴则国运兴,文化强则民族强。2023年6月,习近平总书记在文化传承发展座谈会上指出,"文化关乎国本、国运""坚定文化自信,就是坚持走自己的路,……把中国经验提升为中国理论,……实现精神上的独立自主"[1]。2004年,教育部和共青团中央联合发布《关于加强和改进高等学校校园文化建设的意见》,深刻指出高等学校校园文化是社会主义先进文化的重要组成部分。大学校园作为意识形态的主阵地、文化传播的桥头堡,必须坚持以习近平文化思想为指导,切实增强做好宣传思想文化工作的责任感使命感。

当前世界百年未有之大变局加速演进,中华民族伟大复兴进入关键时期,我们党比以往任何时候都更需要坚实的思想根基、强大的精神力量、深厚的文化自信。校园文化是一所大学长期生存

---

[1] 习近平:《在文化传承发展座谈会上的讲话》,《求是》2023年第17期。

的精神支柱,体现着学校的学术传统和精神内涵,凝聚着学校的办学理念和办学特色,引领着学校的价值追求和行为导向,对高校人才培养及高质量发展具有深远影响。加强校园文化建设对于推进高等教育改革发展、加强和改进大学生思想政治教育、全面提高大学生综合素质,具有十分重要的意义。在新的起点上继续推动文化繁荣、建设文化强国、建设中华民族现代文明,是我们在新时代新的文化使命,也是展现宣传思想文化工作新作为的目标方向。

三、坚持问题导向,把握新时代大学校园文化建设的关键点

我国自建立现代大学制度到现在,各学校一直以传播知识和民族文化为己任。但是,当人们把注意力集中在当下的经济增长、获取急需的知识和技能时,容易忽视文化建设的长期性与基础性。同时,外来文化以强大的"吸引力",借助于现代技术手段,迅速迎合部分"文化饥渴"的大学生,给大学文化建设带来挑战与冲击。因此,大学要承担中国式现代化与文明新形态建设的重任,必须要建设适宜人才成长、民族发展、人类进步的校园文化环境。

当前大学校园文化建设围绕理想信念教育、校本文化传承、校园特色文化活动、校园环境、网络传播矩阵等方面着力发力,取得了明显的成效,但与党中央的战略部署、学校发展的实际需要、广大师生的热切期盼相比,大学校园文化建设仍然存在一些薄弱环节,主要包括以下方面。

(一)校园文化的立德树人功能有待进一步开发

部分高校对于校园文化建设的意义和作用认识不到位,在校园文化总体规划中,未以满足师生多层次的精神文化需求为目标;校园文化的展示形式虽然有所丰富,但缺少深度的文化解读,社会主义核心价值观的培育效果不明显,以文化人的作用未能充分发挥出来。

（二）校园文化建设全局性、整体性有待进一步加强

校园文化建设是一项多层面、多结构的系统工程，必须提前谋划、整体规划、系统设计。但在实际工作中，有的高校没有校园文化的顶层领导机构，也缺少相关的制度和规划，未能将文化建设工作放在学校高质量发展的重要位置上主动谋划、总体推进；有的高校在制度落地的过程中，缺乏过程监管，文化建设的相关部门协同不力，师生参与文化建设的积极性不高、主体性表现不明显。

（三）校园文化精品打造有待进一步强化

目前校园文化的建设更多围绕大学生思想政治工作展开，多以学生文艺活动展演的方式，在彰显学校办学特色方面需要强化。少数学校校园文化活动品牌意识不够，缺乏富有学校特色的品牌形象；校园文化展示平台多且分散，难以产生较大的影响力和吸引力，品牌传播范围小，师生参与面窄。

（四）校园文化创新意识有待进一步提升

有的大学校园文化建设从形式到内容再到运行模式都沿袭传统，缺乏与时俱进和创新。应该结合青年学生思想特点和精神需求，不断进行从形式到内容、从模式到机制的改革和创新，促进优秀校园文化传播发展，增强文化育人的效果。当前，部分高校校园文化创新平台少，不能满足师生创新开展活动的需求。校园文化创新要素仍需深入挖掘，立足新媒体激发校园文化新动能有待加强。

四、加强奋楫笃行，更好展现新时代大学校园文化建设新作为

（一）聚焦学校特色，挖掘品牌效应

要注重总结和凝练学校发展过程中形成的人文精神和优良传统，彰显学校独特的精神文化。以校史发掘和研究为基础，依托特色艺术节、文化节等大型活动，打造师生共同参与、富有影响力的

校园文化品牌。

（二）加强顶层设计，健全体制机制

深入学习贯彻习近平文化思想，将文化建设纳入党的宣传思想文化工作内容，列入学校发展总体规划，建立并完善校园文化建设机制，切实把校园文化建设融入教学科研、服务管理各方面，形成"三全育人"的良好氛围。

（三）坚持守正创新，拓展传播网络

鼓励和支持学校文艺社团发展，提高文化艺术活动质量。持续推动科技文化创新，促进与人工智能、信息网络等新技术融合，提升活动效果。创新文化传播网络，构建融政治性、思想性、艺术性、知识性于一体的校园文化互动平台。

（四）突出价值引领，提升服务能力

以满足师生多样化的精神文化需求为目标，加强校园文化工作队伍建设，统筹校园景观总体设计，师生共建宜教宜学宜居的优美校园、文明校园、和谐校园。

以文化自信凝聚大学更好担负"四个服务"使命的精神力量

桑晓旻

(山东大学党委常委、宣传部部长)

文化是一个国家、一个民族的灵魂。习近平总书记在党的二十大报告中强调:"推进文化自信自强,铸就社会主义文化新辉煌。"①面向新时代新征程,大学作为文化高地,必须要将文化自信自强放在关键位置,以更广的文化视野、更高的文化维度,立足强国建设、民族复兴的新实践新要求,大力推进文化传承、创新和引领,不断丰富大学文化内涵、拓展大学文化外延,努力成为发展社会主义先进文化、弘扬革命文化、传承中华优秀传统文化的中坚力量,不断培育担当民族复兴大任的时代新人,提升国家文化软实力和中华文化影响力,以"兴文化"的新成果书写"四个服务"的新篇章。

一、提升大学文化自觉,巩固共同思想基础

把握文化发展正确方向。坚持马克思主义在意识形态领域指导地位的根本制度,建设具有强大凝聚力和引领力的社会主义意识形态,健全用党的创新理论武装全党、教育人民、指导实践工作体系。发扬马克思主义学术传统,加强马克思主义学院和马克思

---

① 习近平:《高举中国特色社会主义伟大旗帜 为全面建设社会主义现代化国家而团结奋斗——在中国共产党第二十次全国代表大会上的报告》,人民出版社2022年版,第42页。

主义学术体系建设,深入开展习近平新时代中国特色社会主义思想研究,积极推动社会主义先进文化建设,以先进文化培根铸魂。在"新文科"建设背景下,打造新时代通识教育体系,使阅读、学习中华优秀原典、马克思主义经典著作和中国革命红色经典在校园蔚然成风。

构筑共同精神家园。坚持用社会主义核心价值观铸魂育人、引领大学文化建设,全面梳理社会主义大学办学历史、学术传统,总结办学理念、育人成果和价值追求,发掘蕴含其中的中华优秀传统文化、革命文化和社会主义先进文化,大力弘扬民族精神和时代精神;深入培育优良校风、院风、教风、学风,不断丰富大学文化内涵,强化大学文化对文化自信的承载和传播功能,构筑社会主义大学共同精神家园,筑牢师生信念信仰的思想根基,并使之内化于心、外化于行、固化于制、引领于常。

强化形象塑造传播。以中国特色社会主义文化为基础,打造具有时代风格的社会主义大学形象,讲好中国故事,特别是讲好中国高等教育故事。统筹国内和国际、线上和线下,加快融媒体建设,系统构建"大宣传"格局,全面展示高等教育国际形象,提高中华文化软实力和国际影响力。持续拓宽海外传播的渠道,建设融人际传播、组织传播、大众传播和新媒介传播于一体的海外传播体系,及时全面客观宣介学术成果和发展成就,让中国高等教育更贴近世界,让世界更熟知中国高等教育,促进文明交流互鉴。

二、提振育人文化,致力成风化人

培养具有文化自信基因的时代新人。坚持为党育人、为国育才,将回答好培养什么人、怎样培养人、为谁培养人这一根本问题放在首位,以立德树人为根本,进一步健全学校思想政治工作体系,系统推进"三全育人"综合改革,培养兼具"家国情怀、担当精神、崇实品格、创新素养"山东大学基因、充溢文化自信的复合型人才。在坚定理想信念上下功夫,教育引导学生树立共产主义远大理想和中国特色社会主义共同理想;加强厚基础、宽口径、交叉复合培养,搭建多种形式的跨文化学习交流平台,充分满足学生个性化发展需求,培养德智体美劳全面发展的社会主义建设者和接班人。

建设彰显文化引领力的教师队伍。把教师作为"立教之本、兴教之源",以推进新时代公民道德建设和提升教师思想政治素质、师德素养为着力点,建设彰显文化引领力的一流教工队伍。完善师德师风建设长效机制,严把政治关、品德关,打造特色师德教育品牌,引导全体教师恪守发扬中华优秀育人传统,坚守"四个相统一",当好"四个引路人",争做"四有"好老师。分类别、分层次、分岗位制定教师文化素养和行为规范要求,推动全体教工不断提高思想觉悟、文明素质、综合能力和业务水平,自觉使自身德能与社会主义文化强国建设相适应,与高等教育工作者身份相匹配,与立德树人根本任务相契合。

激发产生文化创新力的主体意识。大学是一个文化共同体,要特别尊重师生在文化传承与创新中的主体地位,完善师生参与文化建设的体制机制,扩大文化建设的覆盖面和受益面,形成传承弘扬优秀文化和大力推动文化创新的互动循环,充分激发师生文化创新创造活力。鼓励各类校园优秀文化作品和产品的创作与推广,促进文化建设项目的培育与打造,支持群众性文化活动的组织与开展。强化师生的文化认同和行为自律,激励师生深入开展弘扬时代新风行动,使文化建设成为师生进行自我教育、自我提高的生动实践。

三、彰显学术文化,服务国家战略需求

营造良好学术生态。弘扬爱国报国学术品格,引导广大师生

继承发扬优良学术传统，把学术研究自觉融入国家发展大局，主动服务国家重大战略。涵养崇尚学术、尊重学者、醇化学风、光大学统的学术文化氛围，铸牢学术共同体意识；牢固树立"人才是第一资源"的理念，优化人才成长生态环境，形成"人人渴望成才、人人努力成才、人人皆可成才、人人尽展其才"的良好局面；健全以学术卓越为价值追求的激励机制和荣誉体系，激发人才创新创造活力；强化典型示范，提升成就感、荣誉感、自豪感；加强学术诚信教育，严肃学术纪律，提升学术规范，构建弘扬优良学术风气的长效机制。

凸显科技创新能力。坚持"四个面向"，坚持创新驱动发展，涵养大学创新文化，形成鼓励创新、保障创新、尊重创新的文化环境。引导广大师生大力弘扬科学家精神，专注于理论、技术、方法创新，把科技前沿的活跃变成重大突破。鼓励、支持沉潜蓄势、厚积薄发的学术创新，聚力加强基础研究，实现"从0到1"的突破，为创新驱动发展提供源头供给；推动关键核心技术创新发展，占领国际科技竞争制高点；促进研究方法和制造工艺的改进与设计，为科技发展增添新动力；将学术研究与现实需求紧密结合，把研究成果及时转化成现实社会生产力，为中国式现代化建设提供强大科技支撑。

四、升华环境文化，优化育人氛围

提升学校环境内涵。坚持以文善境、以美育人，科学规划和开展校园建设，塑造富有文化内涵的校园景观，系统打造校园文化地标，既强调大学特色，又充分展现生态发展理念，建设有文化的绿色学校，使大学文化如水般融入全体师生生活，使师生在潜移默化中受到文化的浸润。

优化文化平台建设。推进出版社、各类期刊等文化载体，以及图书馆、档案馆、校史馆、博物馆、科技馆、天文馆等文化场馆建设,打造一批特色性强、示范性强、吸引力强的"项目+平台"的"泛文化空间";把握好入学季、毕业季、校庆季等重要时段和节点,不断提升学术、科技、艺术、体育和社会实践、创新创业、合作交流等文化活动的品位与质量,做大做强优秀文化品牌,提升参与度,扩大覆盖面,形成良性循环,不断提升文化体验质量与效果。

清朗网络文化空间。在"媒介化生存"的时代场域中,拓展"互联网+教育"的实施路径,加强网络文化阵地建设,画好网上网下同心圆。健全网络舆情综合防控体系,完善网络舆情应对机制,科学正确引导网络舆论。系统推进网络文化建设,用好各类网络文化载体,加大各文化平台云端建设力度,促进传统文化活动和网络文化活动的深度融合。探索创新网络宣传的方法、形式和路径,增强网络宣传的亲和力、艺术性,提升网络宣传的到达率、阅读率、点赞率。

五、致力文化传承创新,支撑建设中华民族现代文明

推动中华优秀传统文化创造性转化、创新性发展。坚持把马克思主义基本原理同中国具体实际相结合、同中华优秀传统文化相结合,推动高校哲学社会科学研究力量进一步向研究中国问题集中,向研究中国道路集中,向研究中国经验集中,向研究中华文明集中,深入阐释中国道路、弘扬中国精神、凝聚中国力量。以建设中华民族现代文明为使命,加强中华优秀传统文化资源的挖掘整理,打造一批标志性成果,增强学术原创能力、思想引领能力、学术话语体系构建与传播能力、国际学术影响力,积极构建有中国底蕴、中国特色的哲学社会科学学科体系、学术体系和话语体系,加快建构中国自主的知识体系。

光大革命文化传统。结合党史学习教育,深入梳理中国共产

党红色脉络,挖掘革命精神,讲好革命故事中的英雄事迹,对革命文化加以整合性开发、普适性阐释和浸润性传播,助力红色遗迹整合利用,助阵革命文艺精品创作,助威革命文化传播弘扬,助推革命文化教育模式拓展,为革命文化传播弘扬提供资源、智力和平台支持,切实用革命文化坚定师生理想信念,坚守崇高精神追求。

培育和践行社会主义核心价值观。推动大学做社会主义先进文化的传播者和引领者,促进文化繁荣发展,引导社会思想进步。在研究阐释宣传社会主义核心价值观上做表率,从哲学层面深入推进基础理论研究与阐释,进一步加强社会主义核心价值观理论体系、话语体系建设。将社会主义核心价值观与中华优秀传统文化有机结合,与"新文科"建设有机融合,实现文科融合化、时代化、中国化、国际化发展,服务"人的现代化"新目标。

奏响文明交流"韶乐"。坚守中华文化立场,依托大学深厚学术积淀、丰富文化资源,进一步提炼展示中华文明的精神标识和文化精髓,丰富以中华优秀传统文化为核心的文化交流内容,拓宽以《文史哲》等高品质学术期刊为代表的文化交流渠道,加快构建中国话语和中国叙事体系,加强国际传播能力建设,在中华文明与其他文明的交流对话中发出中国高等教育强音,让世界深入理解中华文明,更好认识中国、了解中国,不断增强中华文明传播力影响力。

文以载道,成风化人。立足新起点,必须要全面学习把握落实党的二十大精神,从文化自信自强的高度系统思考、统筹推进大学文化建设,持续将文化自信转变为扎根中国大地建设世界一流大学的不竭动力,为推进中国式现代化、打造人类文明新形态,提供更多中国智慧、中国方案、中国力量,在全面建设社会主义现代化国家、全面推进中华民族伟大复兴的新征程中,彰显强教育、强文化的时代担当!

抓好"三整一创" 建设面向未来的文化大学园

陈鷟

（中国海洋大学党委常委、统战部部长、原宣传部部长）

党的二十大报告提出，要推进文化自信自强，铸就社会主义文化新辉煌。在建设社会主义文化强国的进程中，大学承担着特殊的使命。大学文化以大学校园为载体，以大学的历史传统为根脉，以创新为灵魂，以交流激荡为生命，是社会的良知、思想与创造的源泉。每一所大学，因为有不同的历史和社会地理环境而呈现出不同的文化。这正是每一所大学的底蕴和魅力，是它吸引和造就不同气质品格的人群的内在原因。面向未来，一所大学要屹立在大学之林，就必须高度重视文化建设，建成独具魅力的文化大学园。

一、加强对大学自身文化的挖掘整理和价值赋予

每一所大学的发展，都是历代师生智慧和心血的积累。学校的人物、故事、成就、贡献、传统和物理空间载体等，共同构建起一所大学。每一代师生学习生活在其间，潜移默化地受着影响。但其中的影响在很多人那里是自然的而非自觉的，很多都只是潜在的而非清晰的。大学文化建设的一个重要任务，就是把这些潜在的文化价值发掘整理出来，让身临其境者迅速直观地感受到、领悟到其文化内涵和意义。

比如对历史人物的思想、成就、贡献、人生经历进行发掘并在

校内展示,既可以迅速让人们了解这个人物,又可以把人物和学校的发展结合起来,通过这个人物了解和理解这所学校的一段历史,甚至那个时代的教育和社会的情形,达到知人论世的目的。针对某一特定场所,把历史上曾经在这个场所工作学习过的人,在这个场所里发生过的有历史意义的事,都挖掘出来,就地集中展示,就可以把场景与学校的历史结合起来,让人身临其境、回味体验、受到熏染。

针对学校一些旧的工作生活物品,如旧的仪器设备、旧的教材笔记、旧的样品标本等,进行收集整理展示,还可与当下新物品进行对比展示,不仅可以令师生校友抚今追昔、凝聚情感,还可以有意识地挖掘过往师生的艰苦奋斗精神和创造精神。

可以说,每一所大学都有大量值得挖掘整理和价值赋予的文化资源亟待开发。对这些资源的开发整理,可以从点开始,逐渐串接成脉络,再逐渐成面,甚至集成进行立体化展示,把一个学科、一个专业、一个具体的部门,乃至一所大学的发展及其对国家社会的贡献和意义清晰地梳理出来,赋予价值,从而提升大学本身的价值,升华校友师生的精神品格,成为面向未来、立德树人的重要文化资源。这是文化大学园建设中第一件应该做的事情。

二、加强对不同文化优秀成果的整合

开放办学,让不同的文化在大学相遇,是大学能不断发展进步的重要因素。然而,不同文化在大学相遇,不应是简单地让其缤纷林立、各树一帜,而应该有意识地将不同文化的优秀成果加以整合,让它们浑然一体地融合在大学校园之中。

整合不同文化优秀成果的途径和方式有很多,比如对建筑元素进行整合集成。近现代我国很多著名大学内,都有集成多种文化元素的老建筑。例如武汉大学的樱顶建筑群、清华大学的图书馆、厦门大学的老建筑群,其中既有中式的传统建筑元素,又有异域文化元素。通过设计师的巧妙结合,它们浑然天成,既传统又开放,显现出别样的创新之美。当前,各地依然在建设大学新校园,或者在老的校园里新建或改建一些建筑,建议在考虑其功能的同时,也要考虑建筑元素的文化融合。

再如对通识课程进行整合集成。近年来,高校开设了很多大口径通识课,特别是跨文化的通识课程,应该充分考虑不同文化优秀成果的整合。对那些在不同的历史背景下产生的,各种不同的甚至差异很大的思想文化观念和文化成果,需要从文化哲学的高度和人性的深度去整合,也就是从人类对真善美的追求共性和真善美的最终统一中去整合,促进不同文化的相互参照和印证,促进不同文化优秀成果的融通。

还有对生活方式进行整合集成,将西方比较强调的体育运动与中国传统文化比较强调的静养调息相结合,利于身心的内外兼修。故此,对不同文化优秀成果的整合,应该成为文化大学园建设的又一要义。

三、加强对传统文化和外来文化中腐朽错误内容的整饬

大学文化建设中,必须保持批判思维。无论中国传统文化还是外来文化都不能不加分辨地接受。

比如中国传统文化中的忠孝观念,最初是好的,讲究的是父慈子孝、君信臣忠,是双向的。但随着历代封建王朝统治者的需要和改造,它们一度被转变成为单向的愚孝愚忠。这样的孝和忠就需要批判地接受,对其中的腐朽成分就应该加以整治。

再如西方有些人将物竞天择的自然规则简单地引入人类社会,产生过分强调实力和强权的单边主义思想,是要不得的。还有西方强势文明不顾其他国家和民族的历史文化传统和实际情形,

推行"己所欲,便施于人"的做法,我们也应该警醒。高校校园要开放,但绝不能不加分辨地崇洋,对外来文化中错误的内容一样需要加以整治。

党的二十大报告中指出,坚守中华文化立场,提炼展示中华文明的精神标识和文化精髓。与此相适应,批判地接受传统文化和外来文化,对其中腐朽错误内容进行整治,也是文化大学园健康发展的一个重要的原则。

四、不断加强文化创新

文化的生命力在于创新。挖掘整理历史文化资源,整合不同文化的优秀成果,整治传统文化和外来文化的腐朽错误内容,都不是文化建设的根本目的。文化建设的根本目的,是促进人的创新意识。在大学校园里,一定要注重创新的意识、创新的氛围和不断出现的新思想、新理念、新成果。

在思想文化建设层面,在坚守一般性教育规律和优秀传统的同时,我们要以符合时代精神和要求的大学建设发展新思想、新理念为引领。那些有活力的大学,常常因为对时代脉搏的把握和对大学发展理念的创新,站到时代前列,得到发展先机。

在制度建设层面,近年来国家特别强调治理体系和治理能力现代化,各高校也都在努力探索。要破旧机制,立新机制,无论前期论证多么深入,都可能存在实践风险,但也不能因此而放弃探索。对大胆的改革,要有试错和容错的气度和机制,要鼓励创新和尝试。

在环境文化建设层面,所有新建和改造项目,在保持传统的同时,都要充分考虑与时俱进的社会审美,跟上时代,甚至通过对社会发展趋势的预测,进行超前考虑,方能达到让师生眼前一亮、提振精神、促进创新思维的效果。

在师生行为文化建设方面,除了保持传统文化中的优良品格之外,还应有强烈的培育时代新人意识。比如当前,研究教育家精神,培育"大先生",建立教师的共同价值追求;在德智体美劳"五育"中,进一步加强体育、美育和劳动教育,以及与之相关的行为和价值观倡导等。

总之,文化是大学的职责所系和价值所在。大学文化建设需要做的工作很多,绝非如此数千字文章所能涵盖。但从实际工作出发,坚持"三整一创",或许是当前建设文化大学园的一个比较有针对性的思路。

新时代高校文化建设的价值内涵与实践探索

夏江雯

（华东理工大学党委常委、组织部部长、原宣传部部长）

习近平文化思想的形成和提出，标志着我们党对中国特色社会主义文化建设规律的认识达到了新高度，为做好新时代新征程宣传思想文化工作提供了强大思想武器和科学行动指南。高校作为新时代文化建设的高地，必须高举习近平文化思想旗帜，坚持"举旗帜、聚民心、育新人、兴文化、展形象"，不断增强文化自信，切实承担起引领社会文化的重要功能，为全面推进中华民族伟大复兴提供思想引领和精神动力。

一、新时代高校文化建设的价值使命和目标任务

我国高校是社会主义性质的大学，高校文化建设必须立足国家发展大局，必须结合高等教育发展大势，引导青年学生在实现第二个百年奋斗目标新征程上不断奋斗。

（一）坚持马克思主义，牢牢把握高校的中国特色社会主义办学方向

习近平总书记对宣传思想文化工作明确提出了"七个着力"的要求，其中提出着力建设具有强大凝聚力和引领力的社会主义意识形态。高校是意识形态工作的前沿阵地，面对多元社会思潮的冲击，高校文化建设必须始终坚持用马克思主义理论武装师生头脑，用习近平新时代中国特色社会主义思想铸魂育人，用中国特

色社会主义伟大实践凝聚师生思想共识,大力实施"三全育人""时代新人铸魂工程"等,引导师生自觉践行社会主义核心价值观,树立正确的世界观、人生观、价值观,不断坚定文化自信。要挖掘和凝练校史校训中蕴藏的精神文化内核,将其融入日常教学运行实践之中,内化于广大师生灵魂深处,通过进行潜移默化的教育,不断增强学校师生的责任感、认同感、使命感和自豪感。

(二)坚持传承创新,源源不断注入精神动力,全面释放高校办学活力

文化传承创新是高校的五大功能之一。习近平总书记提出的"两个结合"特别是"第二个结合"的重大论断,指引我们充分运用中华优秀传统文化的宝贵资源,发展面向现代化、面向世界、面向未来的,民族的科学的大众的社会主义文化,激发全民族文化创新创造活力。高校文化建设要充分重视文化传承的时代价值,积极让中华优秀传统文化焕发出新的活力。要在传承的基础上创新,做到创造性转化、创新性发展,这是高校文化建设的持续动力。要注重发挥高校管理制度的权威作用与文化潜移默化的影响,使其相互促进、共同运转,形成"大文化"工作格局。当前,各高校正持续推进制度优化、管理升级、组织架构重建等工作,努力形成反映高校治理体系和治理能力现代化的制度文化,不断提高高校办学水平。

(三)坚持立德树人,培养德智体美劳全面发展的社会主义建设者和接班人

以文化人、以文育人是贯穿高校文化建设的价值遵循。大学文化涵盖和体现着大学的价值取向、信念目标、理想追求、人文情怀等,对大学师生的行为起着浸润、滋养、培植、引领的重要作用。高校要从战略高度规划大学文化的发展方向,精准把握学生的思想行为特点与成长规律,大力培育优良校风,建设传承与弘扬中华

优秀传统文化的阵地和载体。建好用好校园文化场所,发挥高校校园中的文化"基因"优势,特别是丰富的校史资源。通过国际媒体传播、文化交流访问、校地合作共建、重要节点的仪式教育、志愿服务活动等,传播学校的学术成果和学术思想。全面服务学生的成才发展需求,将学生培养成为堪当民族复兴大任的时代新人。

二、新时代高校文化建设的实践探索——以华东理工大学为例

近年来,华东理工大学坚持以习近平新时代中国特色社会主义思想为指导,以立德树人为根本,探索构建与中国特色社会主义一流大学目标相适应,精神文化、制度文化、环境文化、行为文化和形象文化整体推进、协同发展的大学文化发展格局,助推答好"教育强国、华理有为"的精彩答卷。

(一)实施精神凝聚工程,始终把精神文化作为学校文化建设的核心和灵魂

一是强化思想理论武装,健全校院党委理论学习中心组学习和师生理论学习制度,每年制定配套学习计划,每月制定理论学习提示,汇编专题理论学习资料,适时组建理论宣讲团;深化"通海讲堂""国情报告""通海茶叙""名师论道""梅雅博论""花梨青茶叙"等师生交流平台建设,推动党的创新理论进头脑。二是强化核心价值引领,加强思政课程和课程思政建设,将"习近平新时代中国特色社会主义思想概论"课程覆盖全体新生,选树一批课程思政标杆课程,建设百门课程思政领航课,开展"永远跟党走"主题宣传教育活动,长效化开展"青春告白祖国"等爱国主义教育。三是强化话语体系建设,大力推进智库建设,构建大平台、组织大团队、承接大项目、产出大成果,积极咨政建言。四是强化校史文化传承,注重挖掘、梳理工作,开展"红色校史"专题研究、"口袋校史"

专题制作、"科学校史"专题编研、"口述校史"专题访谈、"视听校史"专题传播。

（二）实施制度优化工程，积极把制度文化作为学校师生内在的价值理念

一是构建治理体系。健全"党委领导、校长负责、教授治学、民主管理"的内部治理体系，优化学校治理结构中政治权力、行政权力、学术权力、民主权力之间的关系，明确岗位职责，明晰工作流程，不断提升依法自主办学、实施管理和履行职能的能力和水平。二是健全体制机制。建立重大文化项目研究决策机制，重视制度建设与文化建设的相互促进，建成大学文化的规划、决策、执行、监督机制。三是强化制度执行。通过政策解读会、制度说明会等形式，提升学校师生员工对学校制度的认知与认同；彰显文化在制度体系中的重要地位，树立制度权威，将刚性要求与柔性管理相结合、约束与激励相结合，把制度约束转化成为广大师生的文化自觉。四是完善监督管理。充分发挥党代会、教代会、团代会、学代会、学术委员会等在学校管理特别是在学校重大事项决策中的作用，搭建联系沟通平台，建立定期沟通机制。

（三）实施环境美化工程，持续把环境文化作为学校文化建设的重要内容

一是提升校园环境质量。有序实施校园美化、亮化、绿化、净化工程，以"宜教、宜学、宜研、宜居"为目标，将基础设施改造提升与人文环境优化有机结合，建设可观、可游、可研的校内花园，做到自然美、人文美、艺术美相协调。二是打造景观文化。建设主题鲜明、品位高雅的文化广场，梳理文化地标，形成校园精品文化路线图，将校园景观打造为文化旅游的"必经打卡点"，发挥校园景观设施的环境育人功能。三是优化楼宇文化。在学生园区开辟公共空间，建设符合学生需求的多层次、宽领域、立体化的园区文化体

系;加强楼宇智能终端的建设与管理,将智能终端打造成形象展示、信息服务、文化熏陶的多功能集成平台,为"三全育人"提供环境支撑。四是清朗网络文化。推进智慧校园建设,推动网络空间清朗生态建设;强化校园新媒体建设和管理常态化机制,优化升级"智库型"网络舆情监管整体功能,整合各类新媒体平台,孵化出一批有质量、有流量的网络文化作品,唱响网络主旋律。

(四)实施行为引导工程,坚持把行为文化作为展现校园独特文化魅力的重要载体

一是创建文明校园。以校级文明单位创建为抓手,积极开展各类文明创建活动,引导广大师生提升文明素养。学校已连续获评上海市文明校园,并入选全国文明校园先进学校。二是深化"四风"建设。传承"学在华理"的优良传统,深入推进班级攀升计划,积极推动书香校园建设;加强劳动情感、劳动实践和创意劳动三维劳动教育,着力构建学校"德勤技专创"一体化劳动育人体系;不断拓展学术育人、劳动育人、美育育人和体育育人平台。三是拓展仪式教育。以国家重大纪念日为契机,举行大型仪式,并通过学校升国旗仪式、开学典礼、毕业典礼、奖学金颁奖典礼、教师节庆祝大会等重要仪式,涵养师生家国情怀。四是弘扬志愿精神。推进学雷锋志愿服务活动制度化,通过常态化开展志愿服务项目和大型赛会服务活动,打响志愿服务品牌,传播志愿服务文化。

(五)实施形象传播工程,坚持把形象文化建设作为扩大学校影响力的重要举措

一是凝练符号标识。构建以学校视觉形象识别系统为基础的整体品牌战略,挖掘学校历史积淀中形成的特色文化符号,如"乒乓励志、育人明德"的乒乓文化,"团结拼搏、奋勇争先"的龙舟文化,"可爱时尚、青春奋进"的花梨文化等,凸显和展示学校文化形象。二是塑造文化品牌。构建校院两级文化品牌培育模式,打造

十佳班集体等十佳系列文化竞技品牌和民族文化博览会等学院节庆文化品牌,逐步形成"一院一品"+"品牌工程"的文化品牌格局。三是宣传身边典型。积极宣传学校优秀师生、知名校友等典型榜样,连续出版《解密榜样——华东理工大学典型人物报道集》等书籍,制作奖学金获奖学生风采录等,充分发挥先进典型的文化影响和示范辐射效应。四是传播学校形象。建设学校融媒体中心,深化与主流媒体的合作,加强学习强国号、人民号、中国教育发布、澎湃问政等信息聚合平台的运维,深化科技创新孔子学院建设,积极推动学校形象国际化传播。

今后,高校宣传思想文化战线要认真学习贯彻落实习近平文化思想,并持续加强研究、阐释、宣传,推动各项工作落地见效,不断开创新时代高校文化建设新局面。

行业特色高校文化建设的路径探究

王晖

（南京航空航天大学党委常委、宣传部部长）

文化是教育之根，大学文化是高校发展的根基与风骨。习近平总书记在党的二十大报告中强调，推进文化自信自强，铸就社会主义文化新辉煌。在2023年10月召开的全国宣传思想文化工作会议上，党中央正式提出并系统阐述了习近平文化思想，为做好新时代新征程宣传思想文化工作、担负起新的文化使命提供了强大思想武器和科学行动指南。高校作为育人基地、人才高地和文化重地，必须深入学习贯彻习近平文化思想，不断深化对文化建设和教育强国建设的规律性认识，切实担负起新时代新的文化使命，以文化育、以教兴文，为全面建成社会主义现代化强国、实现中华民族伟大复兴贡献应有的力量。

一、对新时代高校文化建设的认识和思考

文化是一所大学与生俱来的品格和基因，是大学之所以为大学的本质属性。文化竞争力已成为大学核心竞争力的重要标志。纵观世界一流大学，都有自己悠久的精神传统和深厚的文化底蕴。文化是一流大学的灵魂，是一所大学最本质的标识和最深层的内核，一流的大学必定要有一流的大学文化。因此，立足高校办学实际和传统，遵循文化形成和发展的规律，建设一流的大学文化是中国高等教育向世界一流迈进的关键，是我国由高等教育大国向高等教育强国转变的必然要求。

一是思想引领离不开文化建设。大学最显著的特征就是通过

思想文化引领社会进步。大学文化具有思想导入功能、教化育人功能、健全心灵功能、精神塑造功能，对于师生的思想观念、价值取向和行为方式有着潜移默化的影响。优秀的校园文化，可以塑造思想品格、提升人文修养、陶冶道德情操。高校要做好师生的思想引领，就需要加强文化建设，引导广大师生在价值取向、思想观念、精神追求、行为方式等方面与社会主义核心价值观的内在要求相一致，做好文化传承创新工作，使广大师生在良好的文化生态中自觉接受洗礼和熏陶。

二是行为塑造离不开文化建设。行为文化是大学文化的重要组成部分，体现了大学师生日常学习、工作和生活的风格。行为的养成具有一定的阶段性和可塑性。大学需要建设行为文化，要把提倡和传导的意识形态、思想理念、道德规范、行为准则与校园文化活动有机结合起来，增强师生文化自信和价值认同，让大学精神文化内化于师生行为习惯。

三是环境润泽离不开文化建设。环境文化应体现人与自然有序发展、和谐共存。富有文化气息的校园里，道路、建筑、雕塑、花圃、树木无不折射着大学的精神和品位。给环境赋予文化内涵，才能使环境对人产生积极影响，这就需要高校加强环境文化建设，培育有序和谐的环境文化，发挥校园环境对师生行为举止和品格的塑造作用，增强大学文化的塑造力。

四是制度规范离不开文化建设。大学制度是大学的组织规则，是更具结构性和根本性的文化。制度规范一方面约束行为，同时又为大学生存发展提供保障。而单纯的制度作用是有限的，只有将文化蕴含其中，才能真正起到指导和约束作用。建立高校内部管理制度，培育务实有效的制度文化，为大学办学治校提供保障，增强大学文化的约束力，能够将强制性的规范内化为师生的自觉意识和自觉行动，从而形成"以人为本"的制度文化。

二、新时代高校文化建设的问题检视

大学文化作为我国先进文化的重要组成部分,是凝聚师生的精神坐标。"双一流"建设和高等教育内涵式发展,对高校文化建设提出了更高的要求,当前高校文化建设与之不相适应的问题,主要体现在以下四个方面。

一是文化引领作用与争创一流的发展目标不相适应。"大学应该是'时代之表征',它应该反映一个时代之精神,但大学也应该是风向的定针,有所守,有所执著,以烛照社会之方向。"[①]作为大学,需要成为社会文化的引领者。当前很多高校已经形成了以校风、校训、校歌、办学目标、人才培养理念等为主要内容的大学文化,但是在如何进一步凝练、固化和传播、宣贯精神文化;如何深度挖掘它的文化底蕴和价值内核,使之内化为高校师生共同的价值认同、精神追求和行为准则;如何做到让一屋一舍皆"说话",一草一木总关情,让校园的每一块墙壁都能发挥育人的功能等方面,还有较大提升空间。

二是文化服务能力与师生日益增长的文化需求不相适应。加强文化建设的根本目的,就是不断满足师生员工日益增长的精神文化需求。当前高校的文化服务能力与时代发展要求、师生需求和社会期待相比,还存在一定差距。这就需要坚持"以人为本",努力建设更加优美的校园环境、多彩的文化生活、高雅的艺术情趣、浓厚的学术氛围、科学的人文精神、优良的学风校风,形成催人奋进的校园精神、科学进步的价值理念和导向正确的舆论氛围,提高满足师生文化需求的服务能力。

三是文化传承创新与大学的跨越式发展速度不相适应。文化

---

① 金耀基:《大学之理念》,生活·读书·新知三联书店2001年版,第24—25页。

传承创新是大学的重要职能之一。在校园文化建设的过程中,尽管文化活动种类繁多,但在文化传承创新和推动学校发展等方面还存在不足,主要体现在缺少对各类文化品牌背后蕴含的历史背景、育人内涵、思政元素等的深度认识和深入挖掘;缺少围绕高校发展实际进行谋划,主动创作高校的文艺作品,培育彰显大学特色的文化项目,推广具有学校特色的文化产品。

四是文化辐射影响与大学应有的社会声誉不相适应。高校在社会活动中的作用越来越重要,应该以其环境、条件、研究成果等直接参与社会活动,并与社会建立广泛、密切、深入的联系,积极发挥对社会文化的辐射影响作用。当前很多高校的校园文化辐射力、影响力与大学的社会声誉尚不相适应,未较好地承担起对社会文化的引领和辐射功能。有的学校缺少"走出去"的意识和扶持机制,适应文化建设发展的体制机制有待进一步完善,未能较好地实现全校上下通力协作。

三、行业特色高校新时代文化建设的路径选择

南京航空航天大学(简称"南航")诞生在抗美援朝烽火间,是新中国创办的首批航空高等院校之一,在办学历程中,因航空而生、伴航空而长、依航空而强,"为党育英才、为国铸重器"成为学校的立身之本,"航空报国""贡献国防"的办学传统和精神理念浸润到代代南航人的血液中,成为南航办学治校的基本理念和重要原点。作为行业特色高校,学校把文化建设作为一个系统工程,坚持立心、塑形、铸魂,深入挖掘自身特色和资源,根植南航精神文化,凝心聚力、育人铸魂,系统实施"四大工程",深入推进文化建设,不断提升师生的精神境界,形成学校高质量发展的重要支撑和磅礴力量。

一是实施"文化铸魂"的南航价值引领工程。加强精神文化

建设,深入挖掘学校办学精神传统,进一步吸纳"两弹一星"精神、载人航天精神等先进行业文化要素,形成具有时代特点、行业特质、南航特色的精神文化,不断丰富南航文化的内涵,构建师生"看得见、摸得着、感受得到"且具有南航特色的文化表达体系,建立南航特有的文化谱系和精神谱系,将航空报国的红色基因和志在长空的蓝色梦想根植在南航师生的血脉之中,使其入脑入心入行,成为激励南航全体师生员工接续奋斗的宝贵精神财富。

二是实施"以文化人"的人才培养工程。坚持把以文化人作为加强学校思想政治工作的重要举措。立足校内协同,拓展校外合作,有效统筹校内外资源,构建全校上下联动、校内校外互动的思政育人共同体,建强"川流不息"思政工作团队,精心打造"爱国奋斗·南航担当"系列思政公开课、"文化传承·南航行动"长江文明大讲堂、"科技报国·南航力量"科技思政公开课;挖掘"话剧思政课堂"的育人功能,以原创校园精品话剧《旋翼人生——中国直升机泰斗王适存》进入"共和国的脊梁——科学大师名校宣传工程"为契机,开展校内外巡演工作;发挥各类场馆的文化育人功能,建成"御风园"国防重器教育实践基地、航空博物馆、航天博物馆、立德树人馆,集纳了一大批大型航空航天实物,形成了以航空航天民航"三航"特色场馆为代表的校园文化场馆群,发挥其教育作用和辐射作用,使之成为科学文化与人文文化的双重载体。

三是实施"协同创新"的学术引领工程。营造崇尚科学的学术氛围,大力弘扬科学精神和科学家精神、传播科学知识、激发科学梦想,推动形成鼓励创新、宽容失败、团结协作、求真务实的学术氛围;加大学术精品推介力度,实施航空航天民航"三航"学科特色学术文化的传播行动,在国内外专业媒体大力宣传学校学术成果;搭建特色学术文化品牌,建立"南航教师·半月谈""问天科学讲坛""青年教授学术沙龙""御道讲坛"等学术品牌,邀请国内外知名专家学者来校演讲交流,积极主办承办高水平人文学术会议,形成交叉融合、相互促进的浓郁学术文化氛围;加强师德师风文化培育,探索构建教育、引导、考核、激励、服务"五位一体"的教师思政工作体系,持续加强师德师风建设,积极做好师德师风的宣传教育,完善学术惩戒制度,坚决反对学术浮躁、急功近利等不良风气,坚守学术道德底线。

四是实施"彰显特色"的文化培育工程。打造六大文化景观,形成包括以校风校训石等为代表的南航精神文化景观,以御风园等为主体的"三航"场馆文化景观,以武直十等飞行器实物为代表的国防军工型号文化景观,以陈达院士雕像、陶宝祺院士雕像等为代表的军工先进人物雕塑文化景观,以"飞翔的文明——航空航天史话与南航"浮雕等为代表的空天科普文化景观,以院士林和校友林为特色的名人园林文化景观等的景观体系,成为赓续办学传统、陶冶师生情操、涵育航空报国精神的重要载体。做好学校形象传播,积极开展"重大主题、重大活动、重大成果、重大典型"的宣传,推进媒体融合传播和舆论引导,讲好南航故事,传播南航好声音。加强基层特色文化建设,推进"学院文化建设示范点创建"工作,积极培育和建设一批文化建设示范点,助推基层院系形成特色鲜明、自成体系、成果丰富的院系文化建设新局面。

用好文化规划　为发展凝心聚力

吕静

（天津大学人文艺术学院党委书记、原校党委宣传部部长）

习近平总书记在党的二十大报告中鲜明指出，推进文化自信自强，铸就社会主义文化新辉煌。中华民族的伟大复兴，首先是中华文化的复兴。大学是人类文明进步的产物，既是文化的成果，又是文化的高地和文化发展、进步的推动力量。大学的文化选择和精神追求，影响着国家、民族乃至人类的发展进步。中国大学文化是中华文化的重要组成部分，弘扬大学文化，彰显大学精神，是办大学的重中之重。推进大学文化发展规划的编制和执行是建设中国特色、世界一流大学的关键之举。

一、文化发展规划是战略规划之"灵魂"

第一，何谓文化。

《易经》有云，"观乎天文，以察时变，观乎人文，以化成天下"，即所谓"人文化成"。人类传统观念认为，文化是一种社会现象，它是由人类长期创造形成的产物，同时又是一种历史现象，是人类社会与历史的积淀物。它是人类对客观世界感性上的知识与经验的升华。

从英国学者泰勒给"文化"下明确定义开始，世界上关于"文化"的定义已出现两百多个。余秋雨在《何谓文化》一书中给出定义，"文化，是一种包含精神价值和生活方式的生态共同体。它通过积累和引导，创建集体人格"①。文化是一种时间的"积累"，但

---

① 余秋雨：《何谓文化》，长江文艺出版社2017年版，第19页。

也有责任通过"引导"而移风易俗。在这个动态过程中,渐渐积淀成一种集体人格。中华文化的最重要成果,就是中国人的集体人格。

第二,何谓大学文化。

中山大学原党委书记李延保在中山大学开展文化建设年工作,建设成果总结成了一本书。大家本以为书中会用一句话或几个词来凝练中山大学的文化,然而并没有。李延保解读道:中山大学的文化就体现在每个师生身上。这也恰恰和余秋雨给出的定义不谋而合。可见,大学文化是通过"积累"和"引导"形成的集体人格,体现在老师和学生身上。

大学文化是一所大学的师生员工集体认同并共同遵循的价值追求、思想观念、精神品格、行为准则。天津大学老校长吴咏诗曾经说过"办大学就是办氛围"。"办氛围"的内涵也是"办文化"。大学文化体现着办学思路、教育思想、育人理念、学术氛围、学科方向、师德师风……涵盖物质、精神、制度等方面。

大学文化发展规划,需要与学校事业发展战略规划贯通一致,并要融入所有专项规划中,是各项规划要遵循的统一的"精神""气质""理念",是各项规划的"灵魂";各项规划,也必须和文化发展规划相统一。

二、要科学分析学校当前所处之"方位"

第一,要深刻理解大学文化建设的使命任务。

从历史的宏阔视角来看,文化是一个国家、一个民族的灵魂。文化兴则国运兴,文化强则民族强。中国的大学从诞生之日起,就和国家、民族的命运紧紧联系在一起,中国大学的文化建设,对中国的崛起也有举足轻重的意义。因此,中国的大学更应以一种高度的责任感做好文化建设。

从中国特色社会主义事业的视角来看,中国特色社会主义已进入新时代,大学文化建设作为中国特色社会主义文化建设的重要组成部分,同样进入了新的历史方位。大学文化建设要坚持中国特色社会主义的根本方向,根植于中国特色社会主义的伟大实践;要落实立德树人根本任务,为培养高素质人才提供文化支撑;要回答好传承文化这个首要命题,落实好创新文化这个重要任务,践行好传播文化这个时代使命;要坚定文化自信,培养担当民族复兴大任的时代新人。

第二,要系统总结大学文化的凝练过程。

文化是社会现象也是历史现象,首先是"积累",而后是"引导"。要找准当前所处的历史方位,需回望走过的路,不忘来时的路,厘清"积累",分析形势,才能更好地"引导",激励师生共创未来。

要从学校创建的历史背景,办学治校的目标宗旨、校训、校歌形成的过程,重要会议和重要历史事件中进一步梳理大学精神、文化传统的凝练过程。以天津大学为例,我们重点梳理了天津大学的前身——北洋大学创办的历史背景。作为中国第一所现代大学,天津大学诞生于1895年。甲午战败后,清政府为求自强之道创办大学堂。"兴学强国"是天津大学与生俱来的使命。1915年,老校长赵天麟总结20年办学经验,确立"实事求是"校训。1982年,老校长史绍熙提出"严谨治学,严格教学要求"的意见。严谨治学,严在哪? 要抓牛鼻子,从教学要求严起,"双严"方针自此确立。进入新世纪,学校历次党代会、校庆、大学章程制定等重要事件,都对学校文化的凝练发挥了重要作用。最终,今天的"天大品格"得以形成,即兴学强国的使命、实事求是的校训、严谨治学的校风、爱国奉献的传统、矢志创新的追求。同时,天津大学形成了"形上形下、达材成德"的育人理念,"育人为本、质量第一"的质量要求,"日新又新"的人文精神,"两个聚焦,崇尚科学,推动学术进步和成果转化"的学术文化,学生修德践行、教师以兴学强国为己任等文化特质。

第三,要深刻剖析面临的问题和文化根源。

编制大学文化发展规划,要坚持问题导向。系统总结过去文化建设的成果,分析目前面临的问题、存在的短板。首先,要从现象中寻找问题。要在学生、教师、校友、合作伙伴及关心学校事业发展的其他社会各界人士等群体中广泛调研,了解教学科研管理服务各项工作中存在的问题"现象"。进而,要剖析问题产生的"根源"。要区别"根原因"和"一级现象",而判断是不是"根原因"的方法,即能否把原因找到"人"上。比如,在科学研究方面,原创性的发现不足;在服务社会上,推动重大科技成果转化力度不够……这些问题是现象,究其根源,是教师的"大气"不够,想大事谋大事的精神不足。又如唯论文唯帽子等现象,究其根源是教师的"静气"不够,对立德树人根本任务认识不够,"板凳要坐十年冷"的定力不足。只有找准了根源,才能对症下药。

三、要广泛调研形成文化理想之"共识"

编制大学文化发展规划,绘制文化蓝图,并在广大师生校友中凝聚共识,激励大家朝着文化理想而不懈奋斗,需从以下三方面做工作。

第一,要注重文化传承,于积累中寻共鸣。

人文化成的过程是先"积累"而后"引导"的过程。一所大学先要认清自己从哪里来,在来时的路上留下了什么烙印、传承了什么基因,才能更好地认清将要往哪里去。因而,文化建设要注重传承。要在老校友、老教师、老领导中开展调研,了解他们记忆最深的故事,了解他们情感中最具共鸣的因素;要在历史典籍中挖掘,寻找历久弥新的精神。唯有不忘本来,才能开创未来,在文化传承中形成共识。

第二,要聚焦时代使命,于创新中谋共同。

中国的现代大学诞生于国难当头之时,"兴学强国"是中国大学的精神元始。当前,在全面建设社会主义现代化国家的新征程上,习近平总书记对办好新时代高等教育提出一系列新任务新要求,这正是中国大学的时代使命。要把时代使命与文化传承紧密结合,给文化基因注入新的时代内涵。制定新时代大学文化发展规划,要把握社会主义大学办学规律、教书育人规律、科技创新规律、学生成长规律,落实立德树人根本任务,在文化创新中形成共识。

第三,要体现价值引领,于精神中求力量。

大学文化发展规划是大学事业发展战略规划的重要内容,是对一所大学精神、气质、理念的凝塑。要通过文化的繁荣发展促进大学的事业发展,必须厘清文化建设的使命,凝练共同的价值追求。以天津大学为例,其使命是以"兴学强国"为宗旨,培养具有家国情怀、全球视野、创新精神、实践能力的卓越人才,引领未来发展。其大学文化建设的使命就是为上述大学使命提供文化共识和精神动力,为促进大学使命的实现凝聚精神力量。

通过以上三方面的工作,可以梳理形成大学文化建设的愿景。愿景描绘得越清晰,就越能激发师生的精神力量,凝聚共识,形成合力,共同朝着目标努力奋斗。

四、要擘画蓝图提出切实管用之"举措"

文化建设是长期浸润的过程,需要大处着眼、小处着手,朝着文化理想而努力,以问题为导向,在一点一滴处做出改变。把文化建设成果落实在立德树人的根本任务上、落实在一流大学的建设中、落实在师生的自觉行为中,从而形成集体人格。

第一,要秉承大学使命,深挖文化宝藏。

文化的形成离不开时间的积淀,是历史的"大浪淘沙"的结果,推动文化的繁荣也必须深挖历史的宝藏。以更深厚的"积累"促进更有力的"引导",只有更坚实的根基才能承载更恢弘的"文化大厦"。要加强大学文化和校史研究,以史为鉴,构建文化教育体系,形成历史文化传播共同体,向师生校友乃至全社会传播大学历史文化研究成果,提升文化定力、增强文化自信。

第二,要注重凝聚人心,锤炼文化风骨。

大学文化体现在每个师生身上,是师生的集体人格,表现为一所大学的品格。要使这种品格成为人心所向并内化为师生的自觉遵循,一要强化共同愿景,带动师生、校友、合作伙伴等利益相关者广泛参与校园规划、景观设计、道路命名、历史风貌建筑保护、校园风物故事讲解、文化品牌标识设计等工作,强化文化记忆,引导每个人的行动都能够服务于人才培养目标;二要营造向上氛围,加强人文关怀,提升师生归属感和荣誉感,激发自主创造的意识,在传承文明、振兴中华、创造未来中实现自我。

第三,要加强文化辐射,提升文化张力。

有张力的文化更有生命力,优秀的文化需要发挥辐射作用,从而影响和凝聚更广泛的志同道合者。一要凝练品牌价值,提升大学品牌知晓度、美誉度、可信度,打造有辨识度的品牌形象,展现大学的情怀担当;二要丰富文化产品,探索多领域系列文化传播产品,制作更多原创文化精品,持续解读大学品格;三要扩大文化辐射,讲好大学故事,引领大众认知,明晰大学品格在新时代的传承发展。

第四,要促进以文化人,涵养文化内涵。

大学文化归根到底要"化育人"。以文化人首先要发挥教师的主导作用。教师的举手投足皆是育人,要提升教师修养,让教师更懂教育,更有理想、有情怀、有学养,让教师更爱学生。同时,要发挥学生主体作用。围绕大学的人才培养目标,促进课堂教学、学生体验与实践活动的协调融合,以文化浸润学生成长全过程。要厚植家国情怀,打开全球视野,激发学生兴趣,提高内生动力。师生相互作用,浸润传承,铸就集体人格,共同朝着文化理想不懈努力。

后记：新时代高校宣传工作者的使命担当

　　时光荏苒。蓦然回首，我已在高校宣传思想文化战线耕耘十余载。面对师生思想认识多元多样、网络科技飞速发展、传播格局深刻变化等新形势新情况，虽为老兵，仍感新挑战新问题不少。如何应对，因事而化、因时而进，是我和高校宣传同仁一直在思考、必须回答好的重要命题。以问题导向、同题共答为旨归，本书汇聚众智、凝结经验，聚焦新时代高校宣传工作者从生动一线实践中提炼出的理论思考，集聚战线学理论、讲理论、用理论的思想成果，直击工作重点难点，展现宣传队伍以坚定自信、守正创新的奋进姿态主动担当举旗帜、聚民心、育新人、兴文化、展形象使命任务的鲜活历程。书中总结的许多结论经验具有启发性、针对性、可复制性和可推广性，对进一步做好高校宣传工作具有启迪借鉴作用。本书所含25篇文章的作者均为高校宣传领域的领导和专家，都是和我长期并肩作战的同仁，有的还担任硕博研究生导师，不仅有丰富的经验积累，而且在理论研究、人才培养和实践创新等方面也有深厚的造诣。本书谈论的话题涵盖理论武装、舆论引导、思想教育、文化建设、文明培育等宣传工作全领域全链条，涉及理念创新、手段创新、基层工作创新、机制创新等全方位全过程，既聚焦主线、围绕中心，又各有侧重、特色鲜明，充分彰显了高校宣传思想文化工作各美其美、美美与共的突出成效。作为这项工作的亲历者、见证者，读着这些带露珠、冒热气、接地气的文字，我在感同身受之余，难免心生感慨。借此机会，也谈一谈对宣传工作的再认识，以作后记。

一、宣传工作的初心使命

不能因为走得太远,而忘记为什么出发。《中国共产党宣传工作条例》开宗明义,指出宣传工作是坚持党的政治路线、加强党的政治建设、加强党的思想政治领导、巩固党的群众基础和执政基础的重要方式,是为实现党的主张和奋斗目标动员组织党员、干部和群众所进行的理论武装、舆论引导、思想教育、文化建设、文明培育等工作和活动。

我们党历来高度重视宣传工作。毛泽东指出,"共产党是要在左手拿宣传单,右手拿枪弹,才可以打倒敌人的"①。邓小平强调,"宣传工作就是一切革命工作的粮草,革命工作没有宣传是不行的"②。江泽民指出,要把宣传思想工作"当作大的建设事业来抓,当作系统工程来抓""越是改革开放,越要动员和团结群众,越要重视宣传思想工作"③。胡锦涛强调,"宣传思想工作是党和国家工作的重要组成部分,在中国特色社会主义事业全局中具有重要地位,发挥着不可替代的作用"④。2023年,习近平总书记对宣传思想文化工作作出重要指示,指出"宣传思想文化工作事关党的前途命运,事关国家长治久安,事关民族凝聚力和向心力,是一项极端重要的工作"⑤。党的十八大以来,党中央从全局和战略高度,对宣传思想文化工作作出系统谋划和部署,推动新时代宣传思想文化事业取得历史性成就,形成了习近平文化思想,为做好新时代新征程宣传思想文化工作提供了科学行动指南和强劲动力保障。

---

① 《中国共产党宣传工作简史》上卷,人民出版社2022年版,第60—61页。
② 《邓小平西南工作文集》,重庆出版社2006年版,第319页。
③④ 《中国共产党宣传工作简史》下卷,人民出版社2022年版,第425页、第506页。
⑤ 《习近平对宣传思想文化工作作出重要指示》,新华网,2023年10月8日。

党的百年宣传工作史有力说明,我们党从起根发芽时就是从宣传工作做起,宣传工作是党领导人民不断夺取革命、建设、改革胜利的优良传统和政治优势。追根溯源,我理解,宣传工作本质上是群众工作,是宣传群众、动员群众、教育群众、引导群众、服务群众、提高群众的工作;其核心要义是凝聚人心、汇聚力量,其基本职责是围绕中心、服务大局,其地位作用是为全面建设社会主义现代化国家、全面推进中华民族伟大复兴提供思想保证、精神力量和文化条件。这既是宣传工作的初心,也是我们战线同仁必须肩负的责任使命。

当前,世界百年未有之大变局加速演进,我国实现中华民族伟大复兴进入关键时期,做好宣传思想文化工作既有战略机遇,也有风险挑战。党中央对宣传工作的理论指导和战略部署明确清晰,对宣传工作特别是高校宣传思想文化工作前所未有重视、前所未有加强,我国意识形态领域形势发生全局性、根本性转变,青年一代更加积极向上,全党、全国各族人民文化自信明显增强、精神面貌更加奋发昂扬,这都为做好新时代新征程宣传工作提供了极为有利的好时机。但也要清醒看到,宣传工作面临着社会思想观念日益多样、主流价值遭遇市场逐利性侵蚀、传播格局舆论生态深刻变化、国际国内形势纷繁复杂等严峻挑战。着眼新任务新要求,高校宣传思想文化战线必须不忘初心、牢记使命,胸怀"国之大者",提高政治判断力、政治领悟力、政治执行力,学思践悟,主动作为,自觉担当铸魂育人使命,深入落实立德树人根本任务,奋力开创高校宣传工作新局面。

二、十年宣传人眼中的高校宣传关键词

完成上述使命任务,必须抓住以下几个关键词。

枝繁叶茂源于根深蒂固:理论武装务首要,紧扣主线不放松。

重视理论学习,善于理论学习,加强理论学习,是我们党从胜利走向更大胜利的可靠保证。习近平总书记指出:"首先要认真学习马克思主义理论,这是我们做好一切工作的看家本领,也是领导干部必须普遍掌握的工作制胜的看家本领。"①高校肩负着学习研究宣传马克思主义、培养德智体美劳全面发展的社会主义建设者和接班人的重要任务。宣传部作为高校党委主管意识形态工作的职能部门,要守好意识形态阵地,就必须抓住、用好理论武装这一看家本领,不断增强用习近平新时代中国特色社会主义思想铸魂育人的责任感使命感。

要牢牢把握坚持不懈用党的创新理论铸魂育人这条主线,完善"大思政课"工作体系,创新思想教育形式,广泛开展各类主题宣传教育。北京交通大学(简称"北京交大")党委围绕中国共产党成立100周年、新中国成立70周年、改革开放40周年、北京冬奥会举办等党和国家事业发展进程中的重要节点,统筹开展"四史"学习教育、我和我的祖国、唱支歌儿给党听、"共抗疫情、爱国力行"等主题宣传教育,引导青年学生坚定不移听党话、跟党走。2022年除夕,北京交大师生共唱《领航》登上央视春晚前的《新闻联播》,极大激发了广大师生校友爱党爱国、报国荣校的情怀。学校党委把加强教师思想政治工作作为新时代工作重点,2013年至2017年实施青年教师教育"双百计划",创办青年教师暑期学校这一思想教育新平台,安排领导专家授课带队,每年组织200名青年教师集中在校内外进行理论学习、社会实践,5年实现千名教师全覆盖,经验模式被全国多所高校复制推广,多项成果获上级表彰。

加强校院两级党委理论学习中心组建设,积极推进理论学习和研究阐释。北京交大党委自主印发实施《二级党组织理论学习

---

① 《习近平谈治国理政》第一卷,外文出版社2018年版,第404页。

中心组学习制度》,建立中心组学习巡听旁听制度,每年至少开展1次。强化问题导向和交流研讨,专题研讨占每年12次学习的半数以上。丰富学习形式,把校级党委中心组学习搬到中国共产党历史展览馆、北大红楼、香山革命纪念地、"奋进新时代"主题成就展、交通强国龙头企业、北京交大党史百年展览现场,不断提升学习质效。《创新党委中心组学习,提升领导班子思想政治水平》获北京高校党的建设和思想政治工作优秀成果奖(2022)。学校党政领导和专家学者发挥研究优势,撰写理论文章,在《人民日报》、《光明日报》等主流媒体主动发声,持续推进党的创新理论研究阐释。创建习近平新时代中国特色社会主义思想北京交大研究基地,是北京市习近平新时代中国特色社会主义思想研究中心首批高校基地之一,在"三报一刊"发表成果数量、科研立项等任务完成情况,一直位居前列,连续5年获上级"优秀"表彰,彰显了北京交大的社科力量。

我们主动作为,在健全落实意识形态研究、报告、督查、通报、培训等工作机制的同时,近年来自主研制印发实施风险评估考核督查方案、阵地管理办法、新媒体建设管理办法、标语宣传品管理办法等文件,厘清细化各类阵地重点要点,压紧压实各级责任,使意识形态工作可查可控、可感可知,不断提高规范化科学化水平。

讲好故事,人人都能出彩:新闻宣传展形象,增强自信聚合力。

宣传工作常被誉为"喉舌""耳目"。我以为,宣传工作是用笔、用镜头、用声音、用思想作为匕首投枪来战斗的特殊战线。新闻宣传、舆论引导相对理论武装、文化建设等工作,是高校对外显示度、受众感知度最高的工作。高校作为文化高地,人才济济,底蕴深厚,通过新闻宣传讲好故事,记录风貌,展现风采,在增强师生自豪感荣誉感,提升学校内在凝聚力、外在影响力方面,既有得天独厚的优势,又是高校宣传工作的重中之重。新闻舆论工作责任重大,使命光荣。我体会,只要抓住特有文化基因,突出学科等校本特色,新闻舆论也是一项人人都能出彩、校校都有亮点的工作。

建强阵地是前提。以融媒体中心建设为牵引深化媒体改革,是新闻宣传占领网络这一舆论斗争主战场的必由之路。适应互联网信息技术迅猛发展的新趋势,要积极推动传统媒体和新媒体融合联动,实现报网合一,办好官方微博微信,开设网上学习平台,开展微课微宣讲等。我认为,形式新旧不是重点,有效运用才是关键。做好新时代新闻舆论工作,一个阵地都不能少。既要巩固新闻网、校报、电视台、广播站等传统媒体,又要建立健全新媒体矩阵,把增强网络育人能力作为重中之重,着力提升校园新媒体网络平台服务力、吸引力和黏合度。北京交大官方微信入选中宣部、中央网信办、教育部、共青团中央公布的"首批高校思政类公众号重点建设名单",每年打造多篇阅读量10万+文章,1次位列中国青年报全国高校微信100强年度榜单前20(2016年),1次位列年度教育部教育政务新媒体高校微信传播力TOP20(2020年)。官方微博作为全国首批高校微博联盟成员,多年连获北京十佳优秀微博,获评最具贡献力高校官方微博。视频号入围全国高校视频影响力周榜前三名1次,2021年获评校园新媒体融合共建30强。

抓好"两手"是关键。"两手"就是正面宣传和舆情应对,要两手抓,两手都要硬。正面宣传主线是围绕中心、服务大局,既要做好日常宣传、典型宣传、成果宣传,又要重视校庆等专题宣传,发挥其引领带动作用。以校庆为代表的大型纪念庆典活动是凝聚力量、谋求发展的良好契机,是传承精神、弘扬文化的重要历史节点,形象展示与传播的特殊"场"。因其关系学校社会声誉和长远发展,越来越成为备受关注的文化现象,相应地,校庆宣传也成为展示高校宣传能力水平的重要窗口。我有幸亲历交通大学建校120周年、125周年两次大的校庆,我体会,校庆宣传任务种类多,持续时间长,关键在做好深度策划和科学实施。策划专案要聚焦6个重点,包括人才培养成果、重大科研突破、典型团队人物、对接重大战略服务国家社会的重要贡献、办学理念和学校精神、校庆重大活动等,重在体现学校核心竞争力和文化软实力。科学实施,是指按照项目管理的科学方法来组织实施,既分工负责、细化任务,又集中兵力、攻坚克难。校内,与有关部处协作联动,挖掘成果,集中采访,合力宣传;校外,与国家重点媒体通力合作,深入沟通,策划选题,多出精品。120周年校庆我们实现央视《新闻联播》、《人民日报》、《光明日报》头版报道一齐突破,发表头版文章11篇,校领导专访、综述署名文章8篇,整版报道10个,共计50余篇重点稿件,文字总量超12万字;微信原创推送《赴你百廿之约:今天回家的地铁晚高峰,如此亲切》列2016年全国高校微信单篇热文榜年度第一。125周年校庆官方微信连续3天3篇文章阅读量达10万+,《你好,这是北京交大!》阅读量约54万,点亮广州塔、大会现场直播等短视频平台点击量约200万+,官方微博总阅读量近千万次,校庆列当天新浪热门话题榜第三。通过媒体融合释放效能,校庆宣传不断刷新纪录,规格更高,力度更强,影响更大,较好地实现了立体化、全方位讲好交大故事,传播交大声音,展示交大形象的工作目标。

  舆情应对是考验宣传工作能力水平的又一重要工作,直接反映高校治理水平和治理能力,特别是在舆论生态复杂化、碎片化、情绪化的当下,对学校形象和声誉至关重要。一次失误、不当的舆情应对,对任何一个高校都会有极大的杀伤力。做好应对,我以为重点有三。一是及时发声,快速响应,抢抓"黄金24小时",线下处置和线上应对同步,打有理之仗。二是未雨绸缪,沟通协调,做好舆情监测研判、口径草拟等工作,快讲事实、重讲态度、诚讲措施、慎讲原因,打有备之仗。三是关口前移,勇于担当,直接参与甚至推动涉事主体的舆情处置及善后,有效控制事态发展,把舆情的负面影响降到最低,打有为之仗。

潜移默化,以文化人:文化建设细润物,厚植底蕴筑家园。

我一直认为,文化在影响人引导人方面具有潜移默化、隐性教育的场域作用,文化工作是最具"看不见的宣传"特质的工作。文化建设也是加强和改进师生思想政治工作的有效途径,在增强师生归属感荣誉感和凝聚力向心力方面具有不可替代的独特作用。做强高校宣传工作,必须发挥文化的力量,繁荣校园文化,促进文明培育。

要坚持硬件软件齐抓。2012年起,北京交大每年投入百万元事业经费支持校园文化建设,其中硬件建设50万元,软件建设50万元,确保文化建设的支撑力。硬件方面,主要抓好校园人文景观建设,统筹建成孙中山、曾鲲化、叶恭绰、王梦恕、应尚才等一批名人雕塑,完成十余条校园主要道路和新建楼宇的命名,新增大学生机械博物馆、校友文化空间、飞机文化广场等多处文博场馆,增强了学校人文底蕴。

软件方面主要抓好文化几大件。一是规划:印发实施学校首个文化建设专项规划(2012—2020),2021年制订实施"十四五"文化建设规划,像抓工程一样抓文化建设,强化顶层设计,推动落地落实。二是课题研究:以每年立项一批文化课题为抓手,聚焦交大精神凝练与传播以及校史、学科史、学院史研究等,已立项支持百余项课题,出版《北京交通大学党建简史》《知行的意蕴与价值》《金士宣》《世纪交大》等一批文化成果丛书。三是品牌活动:牵头打造"春之声"经典诵读、"感动交大"、银杏季等品牌活动。"春之声"诵读晚会将传承中华优秀传统文化与培育社会主义核心价值观相结合、德育与美育相结合,荣获教育部第七届高校校园文化建设优秀成果一等奖;"师生课堂内外书法翰墨精神"荣获全国高校首批"礼敬中华优秀传统文化示范项目";精心组织策划"寻找最美交大人"、"感动交大"人物等推选展示活动,挖掘宣传凡人善举,提升文明风尚。四是宣传片:每年制作推出1部学校宣传片、1本宣传画册,集中展现办学成就和学校特色,支持创作校歌MV、《思源》等原创歌曲,既有宏大叙事的震撼大片,又有小而美的微电影,多品种、多形式,以形象宣传增强精神文化引领力。《在路上》《大道交通》《追梦之路》等宣传片引起强烈反响。

十余年的一线亲历,加深了我对宣传工作特性的认识,包括鲜明的政治性、斗争性,极强的创新性、专业性等。从业者需具备极高的素质与能力,没有一种情怀、没有一种精神、没有几把刷子,恐怕难以胜任。新时代新征程,我们要以习近平文化思想为指引,自觉增强使命感紧迫感,加强学习,在全面系统学习党的创新理论中提升政治能力;找准真问题、破解真难题,在运用党的创新理论研究问题、解决问题中提升思维能力;转变观念、努力创新,在推动高质量发展、服务师生、防范化解风险中提升实践能力;奋发有为,锐意进取,把初心和使命落实到高校宣传工作的每一个具体岗位和一言一行中,努力为强国建设、民族复兴作出新的更大贡献。

本书缘起于中国高等教育学会秘书处的点题指导。我以中国高等教育学会宣传工作研究分会全体理事会员单位为依托,开展了调研、论证、策划、约稿等工作,在两年多的书稿酝酿准备过程中,得到了中国高等教育学会、高等教育出版社、兄弟高校有关领导同仁的大力支持和帮助。在此,谨向为本书成稿、编辑、出版付出心血的每一位朋友,致以最衷心的感谢。书中如有疏漏与不足,恳请读者批评指正。

新征程呼唤新担当,高校宣传工作一直在路上。

谨以此书向辛勤耕耘在高校宣传工作一线的同行们致敬!

蓝晓霞

2024年9月

郑重声明

高等教育出版社依法对本书享有专有出版权。任何未经许可的复制、销售行为均违反《中华人民共和国著作权法》，其行为人将承担相应的民事责任和行政责任；构成犯罪的，将被依法追究刑事责任。为了维护市场秩序，保护读者的合法权益，避免读者误用盗版书造成不良后果，我社将配合行政执法部门和司法机关对违法犯罪的单位和个人进行严厉打击。社会各界人士如发现上述侵权行为，希望及时举报，我社将奖励举报有功人员。

反盗版举报电话　（010）58581999　58582371
反盗版举报邮箱　dd@hep.com.cn
通信地址　　　　北京市西城区德外大街 4 号
　　　　　　　　高等教育出版社知识产权与法律事务部
邮政编码　　　　100120